資質・能力ベースの
小学校国語科の授業と評価

「読むこと」の授業は
どう変わるか

中村和弘 編著

日本標準

はじめに

　国語科の授業時間数を小学校と中学校で比較してみると、小学校が1461時間、中学校が385時間で、およそ8対2となります。もちろん両者を単純に比べることはできませんが、義務教育期間の国語科の8割の時間を、小学校の先生が担当します。
　また、小学校では多くの場合、学級担任の先生が国語の授業を行います。そして、「国語は何をどう教えていいのか、今ひとつ自信がない」という声をよく耳にします。文学的な文章を読ませて、人物の気持ちを考えさせたり、紹介パンフレットを作って活動させたりしても、「本当にこれで読む力がついたのかな？」と、不安に思う先生方もいらっしゃるでしょう。

　2020年4月から、新学習指導要領が全面実施されます。そこに向けた移行措置期間では、先取りした実践も求められています。新学習指導要領では、子どもの学びが重視されています。教師が何を教えたかではなく、子どもたちが何をどのように学び、どんなことがわかったりできたりするようになったかを、大切にしようとしています。
　国語科の場合もそうです。教室で文章を読み合う学習を通して、どのような資質・能力を身につけさせるのか。そして、その学習は主体的・対話的で深い学びの視点から、どう工夫していく必要があるのか。新学習指導要領は、こうした授業づくりの核となるべき指針を明確に示しています。
　それを受けて、では実際にこの教材を使ってどのような授業ができるのか、そのことを考えるのが私たちの仕事です。子どもの実態に合わせ、身につけさせたい資質・能力を明らかにし、子どもの学びが少しでも充実したものになるよう、ああでもないこうでもないと、若手の先生もベテランの先生も一緒になって知恵を出し合いながら授業を考えていく。これまでも大切にされてきたそうした授業づくりのあり方が、あらためて見直されてくることでしょう。そして、そのことが、国語を教える自信にもつながってくると思います。

　本書では、新学習指導要領の内容に沿いながら、いわゆる定番教材を中心にどのような授業展開が可能なのか、12本の読むことの授業例を収めました。実践には、東京学芸大学附属小学校の先生方、また、東京都や神奈川県の先生方にも加わっていただきました。
　国語科で育成する資質・能力を明らかにするとともに、主体的・対話的で深い学びを実現する授業をどのようにつくっていけばよいか。読者の先生方と一緒に考えていくきっかけとなれば幸いです。

2018年3月
著者を代表して　　中村和弘

目　次

● はじめに　　　　　　　　　　　　　　　　　　　　　　中村和弘 ──── 3

● 第1章　資質・能力ベースの国語科の授業づくりに向けて
　　　　　　　　　　　　　　　　　　　　　　　　　　　中村和弘 ──── 7
　　• 1　新学習指導要領と国語科の構造
　　• 2　新学習指導要領における国語科の内容
　　• 3　「読むこと」はどう変わるか
　　• 4　「読むこと」の授業づくりに向けて

● 第2章　資質・能力を育てる「説明的な文章」の授業 ──────── 21
　　• 1年　じどう車くらべ
　　　　　　どちらがよいか、せつめいしよう　　　　　　山下美香 ──── 22

　　• 2年　たんぽぽのちえ
　　　　　　「たんぽぽのちえ」で読み取ったことを生かして、「○○のちえカード」を作ろう
　　　　　　　　　　　　　　　　　　　　　　　　　　　外川なつ美 ──── 38

　　• 3年　すがたをかえる大豆
　　　　　　段落の関係や中心文に注意して読み、説明の工夫を見つけよう
　　　　　　　　　　　　　　　　　　　　　　　　　　　伊東有希 ──── 52

　　• 4年　アップとルーズで伝える
　　　　　　「お気に入りの場所」をわかりやすく伝えよう　　廣瀬修也 ──── 62

　　• 5年　天気を予想する
　　　　　　本文の表やグラフ、写真には、どのような効果があるか発表しよう
　　　　　　　　　　　　　　　　　　　　　　　　　　　上田真也 ──── 74

　　• 6年　自然に学ぶ暮らし
　　　　　　筆者の主張と論の進め方を捉え、自分の考えをまとめよう　今村 行 ──── 84

　　○ 「説明的な文章」の実践のポイント　　　　　　　　中村和弘 ──── 94

● 第3章　資質・能力を育てる「文学的な文章」の授業 ── 95

- 1年　おおきなかぶ
  音読しながら登場人物たちの行動を想像して劇をつくろう　西川義浩 ── 96

- 2年　お手紙
  場面ごとにお話を読み、お気に入りの場面を発表しよう　土屋晴裕 ── 106

- 3年　モチモチの木
  変身作文で物語を読もう　　　　　　　　　　　　　　大塚健太郎 ── 120

- 4年　ごんぎつね
  登場人物の行動や気持ちを想像しながら読み、あらすじをまとめよう
  　　　　　　　　　　　　　　　　　　　　　　　　　伊藤愼悟 ── 136

- 5年　わらぐつの中の神様
  杉みき子作品の魅力を友だちにプレゼンテーションしよう
  　　　　　　　　　　　　　　　　　　　　　　　　　髙﨑智志 ── 150

- 6年　海の命
  語り尽くそう！ 海の命　　　　　　　　　　　　　　井上陽童 ── 160

- ○「文学的な文章」の実践のポイント　　　　　　　　中村和弘 ── 169

● 編著者・執筆者紹介 ── 171

第 1 章

資質・能力ベースの国語科の授業づくりに向けて

中村和弘

1 新学習指導要領と国語科の構造

1 「資質・能力ベース」という考え方

　新学習指導要領（2017年告示）の特徴を一言で言うとすれば、それは「資質・能力ベース」であるということでしょう。国語科の授業を通して、どのような言葉の力を高めるのか、この課題はこれまでもさまざまに議論されてきました。実際に、研究授業などでは、「今日の授業を通して、どのような力がついたのか」「そもそも授業者は、この授業計画の中でどのような力をつけようとしていたのか」などのことが、常に話題になっているのではないかと思います。

　特に国語科の場合、教材文は読ませているけれども、何の力をつけようとしているのかがはっきりしない授業になりがちです。教材文を読んで、その内容を理解することはとても大切なことです。

　ただし、「この文章で大事なことはこんなことですよ」と教えてしまっては、たとえ文章の内容を理解したとしても、文章を「読んだ」ことにはなりません。あるいは、「この文章を読んで感じたことを話し合ってみましょう」という活動を組んで、ペアやグループで話し合わせても、それが文章を読むということにつながらなければ、いくら活動は盛んであっても、やはり何の力をつけるのかが不明確なまま授業が進んでいってしまいます。

　このように、国語科は、いろいろな意味で何の力をつけるのかがあいまいになりやすい教科です。特に、言語活動が重視されてきたここ10年ほどの間、その傾向が顕著になっているように感じます。「活動はしているけれど、その活動を通して子どもたちにどんな言葉の力がついたのだろう」「そもそも教師は何の力をつけようとして、この活動をさせているのだろう」、そう感じる国語の授業が増えているように思います。

　新学習指導要領では、中央教育審議会の段階から「国語科で育てる資質・能力は何か」を改めて見直し、答申にまとめてきました。そして、その答申を受け、小学校国語科の「目標」「内容」「内容の取扱い」などを検討してきました。中学校までの9年間の学習のつながりを視野に入れながら、国語科で育成する資質・能力を、「知識及び技能」「思考力、判断力、表現力等」「学びに向かう力、人間性等」の3つの柱から整理して、目標や内容に位置づけたのです。

2 新しい国語科の構造

　新学習指導要領の国語科の構造を図にしてみると、右ページの図1のようになるでしょう。

　「目標」には、国語科で育成する「知識及び技能」「思考力、判断力、表現力等」「学びに向かう力、人間性等」に関する3つが記載されています。

　「内容」は、〔知識及び技能〕と〔思考力、判断力、表現力等〕から構成され、「話すこと・聞くこと」「書くこと」「読むこと」といった領域は、この〔思考力、判断力、表現力等〕として指導事項が再編成されています。

　「指導計画の作成と内容の取扱い」としては、国語科の資質・能力の育成に向け、主体的・対話的で深い学びの視点から言語活動を改善・充実させていくことなどが示されています。

　詳細はこのあとトピックごとに見ていきますが、これらの「目標」「内容」「内容の取扱い」

```
┌─────────────────────────────────────────────────────────────────┐
│  目標  教科の目標・各学年の目標                                    │
│       (知識及び技能・思考力、判断力、表現力等・学びに向かう力、人間性等)  │
│                                                                 │
│                         内 容                                    │
│   〔知識及び技能〕         ⇄         〔思考力、判断力、表現力等〕      │
│   (1) 言葉の特徴や使い方に関する事項    A 話すこと・聞くこと          │
│   (2) 情報の扱い方に関する事項    扱  組      (1) 指導事項           │
│   (3) 我が国の言語文化に関する事項  う  み      (2) 言語活動例         │
│                                合  B 書くこと                    │
│                                わ  C 読むこと                    │
│                                せ                               │
│                                て                               │
│                                                                 │
│  内容の取扱い  主体的・対話的で深い学びの実現                        │
└─────────────────────────────────────────────────────────────────┘

図表1 新学習指導要領国語科の構造と内容

は、いずれも「国語科ではどのような資質・能力を身につけるのか」「そのためにどうすればよいか」という視点が貫かれていることがわかります。新学習指導要領が資質・能力ベースであるということは、こうした点からもうかがえるでしょう。

## 3 国語科の目標

新学習指導要領における国語科の目標は、これまでの示され方と大きく変わりました。これは、従来の目標の文言を修正するところから設定されたのではなく、各教科・領域の学習を通して、どのような資質・能力を育むかという、学校教育全体の視点から設定されたからです。

小学校国語科の目標は、次のとおりです。

> **1. 国語科の目標**
>
> 言葉による見方・考え方を働かせ、言語活動を通して、国語で正確に理解し適切に表現する資質・能力を次のとおり育成することを目指す。
> (1) 日常生活に必要な国語について、その特質を理解し適切に使うことができるようにする。
> (2) 日常生活における人との関わりの中で伝え合う力を高め、思考力や想像力を養う。
> (3) 言葉がもつよさを認識するとともに、言語感覚を養い、国語の大切さを自覚し、国語を尊重してその能力の向上を図る態度を養う。

前文では、「言葉による見方・考え方」を働かせること、言語活動を通して資質・能力を育成することなどが示されます。そして、(1)に「知識及び技能」、(2)に「思考力、判断力、表現力等」、(3)に「学びに向かう力、人間性等」に関する目標が示されています。

ここで注目したいのは、他の教科、たとえば、理科や音楽の目標なども同じ構造になっているということです。それぞれの教科において、その教科に関する見方・考え方を働かせて、観察や実験、あるいは表現や鑑賞などの活動を通して、資質・能力を育成することが示されています。各教科の目標を同じ構造にすることによって、教科間の比較がしやすくなり、また、それぞれの教科の特徴もわか
```

りやすくなっています。

　国語科の場合は、この教科目標を受け、さらに2学年ごとに学年の目標が示されます。この学年の目標も、やはり、「知識及び技能」「思考力、判断力、表現力等」「学びに向かう力、人間性等」の3つの柱から構成されており、次のようなことが示されています。

学年の目標

○**知識及び技能**
・日常生活に必要な国語の知識や技能
・言語文化に親しむ、理解する

○**思考力、判断力、表現力等**
・論理的に考える力、豊かに想像する力
・人との関わりの中で伝え合う力
・自分の思いや考えを広げたり深めたりする力

○**学びに向かう力、人間性等**
・言葉のもつよさや価値に気づく
・読書をする
・国語や言語文化を大切にする
・思いや考えを伝え合おうとする態度

---

2 新学習指導要領における国語科の内容

1 資質・能力ベースの新たな枠組み

　これまでの国語科の内容は、「話すこと・聞くこと」「書くこと」「読むこと」の各領域と「伝統的な言語文化と国語の特質に関する事項」から構成されていました。領域が前面に出ることで、国語科はどのようなことを学習するのかはわかりやすくなります。その一方で最初に述べたように何の力をつければよいかはあいまいになりがちでした。

　たとえば、「読むこと」の領域の授業のねらいは、文章を読ませて内容を理解させることだという思い込みが生まれたり、あるいは文章の内容をめぐって何かを作ったり発表させたりすることだという言語活動に偏りすぎた考えが広まったりもしました。

　もちろん、文章の内容を理解したり言語活動に取り組んだりすることは、読むことの授業としてはとても大切なことです。同時に、もっと大切なことは、そうした内容の理解や言語活動に取り組む過程で、どのような読むことに関する思考力や判断力が身についていったかということです。平たくいえば、どんなことを考えさせたり判断させたりしながら、読んだり書いたりさせているかということになります。

　今回の国語科の学習指導要領の改訂では、読んだり書いたりする際に必要な知識や技能を整理し、新たな事項も加えるなどして、〔知識及び技能〕の事項を構成しました。併せて、これまでの「話すこと・聞くこと」「書くこと」「読むこと」を〔思考力、判断力、表現力等〕の内容として置き、各領域の指導事項を思考力や表現力育成の視点から見直しています。

　その結果、国語科の内容は、次のような構成となりました。

知識及び技能

(1)言葉の特徴や使い方に関する事項
(2)情報の扱い方に関する事項
(3)我が国の言語文化に関する事項

```
思考力、判断力、表現力等
A  話すこと・聞くこと
    (1)指導事項  (2)言語活動例
B  書くこと
    (1)指導事項  (2)言語活動例
C  読むこと
    (1)指導事項  (2)言語活動例
```

これまでの構成と異なり、〔知識及び技能〕と〔思考力、判断力、表現力等〕という資質・能力が前面に出るかたちとなったわけです。

それぞれのポイントを次に見ていきましょう。

2 〔知識及び技能〕について

〔知識及び技能〕は、これまでの「伝統的な言語文化と国語の特質に関する事項」を中心に、新たに「情報の扱い方に関する事項」を加えるかたちで構成されています。ここには、「話すこと・聞くこと」「書くこと」「読むこと」、いずれの領域においても必要となってくる国語に関する知識や、言葉を使ううえでの技能が位置づけられています。

「言葉の特徴や使い方に関する事項」では、文字や文法、文章などが扱われますが、今回の改訂では特に「語彙」の扱いについて充実が図られました。語彙は、すべての学習の基盤となるものです。どの時期にどのような語句を中心に指導するのかは、図2にあるように、小学校の低学年では「身近なことを表す語句」を、中学年では「様子や行動、気持ちや性格を表す語句」を、以下、高学年、さらに中学1年、2年、3年と系統的に位置づけられています。

また、学年別漢字配当表も変更されました。4年生で都道府県名を表す漢字25字を学習するようにし、併せて、5年生と6年生で扱う漢字についても変更がされています。

「情報の扱い方に関する事項」は、今回の学習指導要領で新設された事項になります。ここでいう「情報」とは、ICTの活用などのことではなく、文章や話の中に含まれている情報ということです。たとえば、文章の中には、書き手が読み手に伝えたい情報がさまざまなかたちで含まれています。文章を読むということは、このさまざまに書かれている情報を捉えることだといってよいでしょう。

「情報の扱い方に関する事項」は、「情報と情報との関係」と「情報の整理」の2本柱で構成されます。「情報と情報との関係」のほうは、図3にあるように、「共通、相違」「考えとそれを支える理由や事例」「原因と結果」など、情報を捉える思考の枠組みを示しています。一方、「情報の整理」のほうは、図4にあるように、「比較や分類の仕方」、「必要な語句などの書き留め方」（たとえば、メモの取り方など）、「図などによる語句と語句との関係の表し方」（たとえば、マッピング法による整理の仕方な

```
・身近なことを表す語句（低学年）
・様子や行動、気持ちや性格を表す語句
  （中学年）
・思考に関わる語句（高学年）
・事象や行為、心情を表す語句（中1）
・抽象的な概念を表す語句（中2）
・理解したり表現したりするために必要な
  語句（中3）
```

図表2 語彙の系統的指導

```
・共通、相違、事柄の順序など（低学年）
・考えとそれを支える理由や事例、全体と
  中心など（中学年）
・原因と結果など（高学年）
・原因と結果、意見と根拠など（中1）
・意見と根拠、具体と抽象など（中2）
・具体と抽象など（中3）
```

図表3 情報と情報との関係の系統的指導

ど)などが示されています。こちらは、情報の取り出しや活用、整理の手段や方法のことが示されています。

> ・(低学年なし)
> ・比較や分類の仕方など（中学年）
> ・情報と情報との関係付けの仕方など（高学年）
> ・比較や分類、関係付けなどの情報の整理の仕方など（中1）
> ・情報と情報との関係の様々な表し方（中2）
> ・情報の信頼性の確かめ方（中3）

図表4 情報の整理の系統的指導

3 〔思考力、判断力、表現力等〕について

先に述べましたように、新学習指導要領では、「話すこと・聞くこと」「書くこと」「読むこと」という領域が後ろに下がり、〔思考力、判断力、表現力等〕が前に出ています。実際の授業は、「読むこと」なら「読むこと」の領域で行われることが多いわけですが、何の力をつけるのかという資質・能力ベースで考えた場合、文章を読みながらどのような思考力や判断力を身につけるかがポイントになってきます。

そこで、学習指導要領の改訂にあたって、たとえば、「文章全体を読むときに必要な資質・能力は何か」、「目的などに応じて細かく丁寧に読むときに必要な資質・能力はどのようなものか」など、実際に読んだり書いたりする過程をイメージし、その過程に即して育成する資質・能力を位置づけることをしました。

その結果、「読むこと」であれば、次のように指導事項が再編されています。

> **思考力、判断力、表現力等**
> 「C 読むこと」の場合
> (1)指導事項
>   ○構造と内容の把握
>   ア（説明的な文章）
>   イ（文学的な文章）
>   ○精査・解釈
>   ウ（説明的な文章）
>   エ（文学的な文章）
>   ○考えの形成
>   オ
>   ○共有
>   カ
> (2)言語活動例
>   ア　説明的な文章を読む言語活動
>   イ　文学的な文章を読む言語活動
>   ウ　情報を活用する言語活動
>
> 〈ポイント〉
> ☆学習過程を重視した再編成
> ☆言語活動例を大綱的に示す

ポイントとして示したように、指導事項は、「構造と内容の把握」「精査・解釈」「考えの形成」「共有」という学習過程に即して位置づけられています（詳しくは、15ページ参照）。また、言語活動例については、詳しい活動の例示ではなく、低・中・高学年を通して、「説明的な文章を読む言語活動」「文学的な文章を読む言語活動」「情報を活用する言語活動」の3つの柱で整理し、系統的に示されています。

このように枠組みは変更されていますが、実際に指導事項として示されているキーワードは、これまでのものと大きくは変わりません。ただし、「情景について……具体的に想像すること」（読むこと）や「文章の構成を考えること」（書くこと）など、文末の表現には注意が必要です。考える、捉える、具体的に想像する、工夫する、気付くなど、あくまでも思考力や判断力の育成の視点から、指導事項が示されているからです。

3 「読むこと」はどう変わるか

1 読むことの授業における言語活動

　読むことの資質・能力は、「読む」という行為の成立の中で育まれます。

　たとえば、「登場人物の気持ちを捉える」という指導事項を扱うとき、ただ、文章を見ているだけでは捉えられません。書かれている言葉を手がかりに、書かれていない気持ちを考えたり想像したりすることが必要です。そこに、「読む」という行為が生まれます。

　「読んでいる」とは、

・書かれていることを捉える
・書かれていないことを考えたり想像したりする
・考えたことを誰かと共有する
・共有して得た知見を生かして読み直す
・読み直すことで新たな考えを生み出したり想像を広げたりする

などの、文章と読み手、そして読み手同士がさまざまに関わりながら循環していく行為です。

　つまり、読むことの授業における言語活動は、この「読む」という行為の成立に向けて、取り組まれなければなりません。何かを作ったり話し合ったりしたとしても、その活動の中で、こうした子どもたちと文章とのさまざまな関わりが生まれていかなければ、その言語活動は「かんじんなところ」を落としてしまっていることになります。

2 言語活動のあり方を振り返る

　現行の2008年版の学習指導要領では、言語活動例は指導事項と並んで内容に位置づけられました。読むことの授業でも、さまざまな言語活動が開発され、実践されてきました。その一方で、「かんじんなところ」を落としている言語活動も増えているように思います。

　言語活動は、読むという行為をどう充実させるか、読むことの指導事項をどう扱うかという視点から、工夫される必要があります。ところが、読むことの資質・能力を高めるための言語活動であるのに、活動をどう工夫するかというところにだけ、授業づくりの関心が向いてしまうケースがあるのです。

　また、確かに文章を読ませているけれども、

「それではまず、教科書のここをワークシートにまとめましょう。時間は５分ですよ」

「はい、５分たちました。書けているか隣の子とチェックしましょう」

「次は、自分が選んだ本を読んで、ワークシートの次の欄に書きましょう。７分でやりますよ」

「できましたか」

というように、活動が次々と展開する授業もあります。確かに、子どもたちは一生懸命に活動に取り組んでいますし、文章を読んではいます。けれども、こうした授業展開の場合、活動を通して、「どのような読むことの資質・能力の高まりをねらっているのか」が見えにくいと感じます。

　なぜ、教科書の文章を５分でまとめなければならないのでしょうか。５分でまとめることで、どのような読むことの能力の育成をねらっているのでしょうか。その「かんじんなところ」があいまいなのです。

　そこがあいまいなために、指導の手立てもはっきりしていません。「５分でまとめること

が難しい子どもを、どのように支援するか」ということが準備されていないのです。活動はさせているけれど、読むことについて何を教えようとしているのか、そのためにどのような手立てを用意するのか、すべてがぼんやりとしたまま授業が進んでいくのです。

　もちろん、これは、極端な例です。

　今回の学習指導要領改訂に先駆けて行われた中央教育審議会の国語ワーキンググループでは、「国語科においては、ただ活動するだけの学習にならないよう、活動を通じてどのような資質・能力を育成するのかを示す」として、現行の学習指導要領の3領域についての学習過程を整理し、それぞれで働く資質・能力を図示しています（「国語ワーキンググループにおける審議の取りまとめ」）。これは、ひとつには、国語科の授業が「ただ活動するだけの学習」になっているのではないかという、現在の言語活動のあり方への振り返りによるものと考えられます。

3　「読むこと」の指導事項の概要

　新学習指導要領では学習過程を明確にして、それぞれの指導事項を位置づけています。12ページでもふれましたように、「読むこと」の指導事項は、学習過程に沿って次のように構成されました。

○構造と内容の把握
　（説明的な文章、文学的な文章）
○精査・解釈
　（説明的な文章、文学的な文章）
○考えの形成
○共有

　それぞれの指導事項についての概要は、以下のようです。

○構造と内容の把握
　叙述に基づいて、文章がどのような構造になっているか、どのような内容が書かれているかを把握することを示している。
○精査・解釈
　構成や叙述などに基づいて、文章の内容や形式について、精査・解釈することを示している。
○考えの形成
　文章を読んで理解したことなどに基づいて、自分の考えを形成することを示している。
○共有
　文章を読んで感じたことや考えたことを共有し、自分の考えを広げることを示している。

　これらの過程に即して、右ページの図5のように指導事項が系統的に位置づけられました。

　このように指導事項が学習の過程に沿ったかたちで示されることで、今日の学習はどの過程に取り組んでおり、どの指導事項を扱うのか、ということが意識しやすくなっています。つまり、言語活動を通して、どのような資質・能力を育成するかが、把握しやすくなっているということなのです。

		第1学年及び第2学年	第3学年及び第4学年	第5学年及び第6学年
構造と内容の把握	説明的な文章	ア　時間的な順序や事柄の順序などを考えながら、内容の大体を捉えること。	ア　段落相互の関係に着目しながら、考えとそれを支える理由や事例との関係などについて、叙述を基に捉えること。	ア　事実と感想、意見などとの関係を叙述を基に押さえ、文章全体の構成を捉えて要旨を把握すること。
	文学的な文章	イ　場面の様子や登場人物の行動など、内容の大体を捉えること。	イ　登場人物の行動や気持ちなどについて、叙述を基に捉えること。	イ　登場人物の相互関係や心情などについて、描写を基に捉えること。
精査・解釈	説明的な文章	ウ　文章の中の重要な語や文を考えて選び出すこと。	ウ　目的を意識して、中心となる語や文を見付けて要約すること。	ウ　目的に応じて、文章と図表などを結び付けるなどして必要な情報を見付けたり、論の進め方について考えたりすること。
	文学的な文章	エ　場面の様子に着目して、登場人物の行動を具体的に想像すること。	エ　登場人物の気持ちの変化や性格、情景について、場面の移り変わりと結び付けて具体的に想像すること。	エ　人物像や物語などの全体像を具体的に想像したり、表現の効果を考えたりすること。
考えの形成		オ　文章の内容と自分の体験とを結び付けて、感想をもつこと。	オ　文章を読んで理解したことに基づいて、感想や考えをもつこと。	オ　文章を読んで理解したことに基づいて、自分の考えをまとめること。
共有		カ　文章を読んで感じたことや分かったことを共有すること。	カ　文章を読んで感じたことや考えたことを共有し、一人一人の感じ方などに違いがあることに気付くこと。	カ　文章を読んでまとめた意見や感想を共有し、自分の考えを広げること。

［出典］文部科学省（2017）『小学校学習指導要領解説 国語編』37-38ページ

図表5　「読むこと」の指導事項の一覧

4 「読むこと」の授業づくりに向けて

1 目標と評価
──育成する資質・能力を明確に

新学習指導要領における国語科の内容が、〔知識及び技能〕と〔思考力、判断力、表現力等〕から構成されたのを受けて、実際の授業では、この2つの資質・能力を組み合わせて育成することが必要となってきます。「指導計画の作成と内容の取扱い」に記載があるとおり、「〔知識及び技能〕に示す事項については、〔思考力、判断力、表現力等〕に示す事項の指導を通して指導すること」が基本のかたちだからです。

併せて、評価の観点も変わろうとしています。中央教育審議会の答申では、これまでの領域をベースとした5観点から、図6のように資質・能力をベースとした3観点とすることが示されています。

つまり、実際の授業は、「話すこと・聞くこと」「書くこと」「読むこと」の領域をベースに行われるわけですが、単元の目標あるいは評価を考えるには、〔知識及び技能〕の事項と〔思考力、判断力、表現力等〕にある領域の事項との双方から、両者を関連づけながら、育成する資質・能力を明確に位置づけることが必要となってくるわけです。また、そこに、「学びに向かう力、人間性」に関わる資質・能力の評価として、「主体的に学習に取り組む態度」を加えることになります。

では、実際には、どのように変わるのでしょうか。新しい学習指導要領の内容を反映させたかたちで、この3観点で「ごんぎつね」（4年）の評価を考えてみました（図7）。単元の目標は「登場人物の名前や性格・住んでいるところなどの言葉を調べながら、ごんの気持ちの変化を読みとることができる」とし、作品の中に出てくるさまざまな言葉を調べることを通して、語彙に関する事項と情報の整理に関する事項を身につけられるようにします。

```
○現行学習指導要領（2008年版）
        （国語への）関心・意欲・態度
〈5      話す・聞く能力
観       書く能力
点〉     読む能力
        （言語についての）知識・理解（・技能）
                    ↓
○新学習指導要領（2017年版）
〈3      言語についての知識・技能
観       言語による思考・判断・表現
点〉     主体的に学習に取り組む態度
```

図表6 評価観点のあり方

> **評価規準**（現行学習指導要領）
>
> ○関心・意欲・態度
> ・登場人物の人物像を捉えようとしている。
> ○読むこと
> ・登場人物の気持ちの変化を叙述に即して読むことができる。
> ○言葉についての知識
> ・必要な言葉を国語辞典を使って調べることができる。
>
> ↓
>
> **評価規準**（新学習指導要領を反映させて）
>
> ○知識・技能
> ・様子や行動、気持ちや性格を表す語句の量を増やすことができる。
> ・辞書や事典の使い方を理解し、使うことができる。
> ○思考・判断・表現
> ・場面の移り変わりと結びつけて、登場人物の気持ちの変化や情景などを具体的に想像することができる。
> ・文章を読んで、感じたことや考えたことを共有し、一人一人の違いに気づくことができる。
> ○主体的に学習に取り組む態度
> ・文章中の描写や表現、語句に興味をもち、調べたり考えたりしようとしている。
> ・調べた言葉の意味などを手がかりに、場面の様子や人物の気持ちの変化などを想像しようとしている。

図表7 新観点による評価規準を意識した授業づくり例

併せて、それらの言葉調べによって、叙述をもとに描かれている人物の気持ちの変化や情景などを具体的に想像できることをねらいます。また、同じ表現からも、想像したり考えたりすることの違いなどに気づけるようにします。最後に、こうした言葉調べなどから語句や表現などに関心をもち、言葉から想像を広げていこうとする態度を育てます。

このように、新学習指導要領の内容を反映させて評価を考えることで、「ごんぎつね」を読むことを通してどのような力をつけるのか、つまり、どのような資質・能力を育成するのかということが、より明確となるのです。

2　単元の指導計画　——学習過程を大切にする

先に述べたように、新学習指導要領における「読むこと」の指導事項は学習過程に沿って構成されてはいますが、それがそのまま指導の順序になるわけではありません。

まず、文章の構造や内容を把握し、目的や課題に応じて精査・解釈し、考えを形成してそれらを共有しあう、これはひとつの過程ではあります。ただ、その過程がそのまま単元の指導計画として、たとえば、1次で構造と内容の把握を、2次で精査・解釈を、3次で考えの形成と共有をと必ずしもなるわけではないということです。精査・解釈の過程で、

もう一度、構造の把握が必要になることもあるでしょうし、共有することで新たな問いが生まれ、改めて精査・解釈をして考え直してみる、ということもあり得ます。

つまり、これらの過程は、一方通行で流れていくのではなく、行ったり来たりしながら文章が読み深められていくということです。教室での読むことは、これも先に書いたように、文章と読み手、読み手同士がさまざまに関わりながら、進められていくものです。ですから、必ずしも単線で進むわけでなく、先を予想したり、立ち止まったり、前に戻ったり、別の文章に寄り道したりと、さまざまに分岐する可能性を含み込んでいます。

また、単元によっては、たとえば、構造と内容の把握に関する指導事項を重点的に扱うという場合もありますし、あるいは、考えの形成を重視するという場合もあります。つまり、年間指導計画の見通しの中で、どの単元でどの過程の指導を重視するかという、軽重をつけた扱い方もなされていくというわけです。

原則として、単元における学習指導計画は、子どもたちの課題追究の流れに沿って構成されていきます。その流れに沿いながら、一方で読むことの過程をしっかりと意識し、そのときそのときの言語活動を通してどのような資質・能力を育むのか、そして、どのような手立てを用意していくのかを綿密に考えていくことが必要となります。

3 本時の授業 ──明確化・焦点化・具体化

読むことの学習を通して、どのような資質・能力を育むのか。この点を明らかにすることは、本時の学習指導案を考える際に、最も大切なポイントとなります。

たとえば、先ほど挙げた「ごんぎつね」の単元の評価規準には、「登場人物の気持ちの変化や情景などを具体的に想像すること」という文言がありました。これをもとに、本時の目標や評価を考えてみるとどうなるでしょうか。

もしかしたら、第1場面を読む授業でも第6場面を読む授業でも、評価は「叙述をもとに、ごんの気持ちの変化や情景などを具体的に想像することができたか」となってしまわないでしょうか。読んでいる場面が異なるのに、目標や評価が同じというのはおかしなことですが、国語の授業では、こうしたケースが少なくありません。

ここで足りないのは、本時では、どのようなごんの気持ちの変化や情景を想像できればよいのかを具体化する作業です。本時で扱う場面でいうと、どの語句や表現に着目して、どのような想像ができればよいのかを、教材研究などを通して、まず教師がしっかりと見定めておく必要があります。

授業は、45分という限られた時間の中で資質・能力の育成をめざす、極めて意図的・計画的なものです。時間を無制限に使って、文章中のすべての語句や表現を扱うというわけにはいきません。だからこそ、

---
① 授業のねらいを明確にすること
② 学習する内容を焦点化すること
③ 指導の手立てを具体化すること

が大切になってきます。これらのことを意識して、子どもの立場から本時を考えれば、

---
① 「具体的に想像する」とは、子どもたちがどこをどのように読めればよいのか。
② 子どもたちが具体的に想像できるためには、どの語句や表現を重点的に扱えばよいか。
③ その叙述をめぐって、子どもたちが主体的・対話的に深く学ぶためには、

> どのような準備や工夫が必要か。

などのことを計画の段階からはっきりさせて、授業の諸準備を進めていくということになります。

　新学習指導要領がめざした資質・能力ベースの考え方は、こうした授業づくりの工夫を通して、実際の教室で具体化されていくのです。

〈引用・参考文献〉
・中央教育審議会（2016）「幼稚園、小学校、中学校、高等学校及び特別支援学校の学習指導要領等の改善及び必要な方策等について（答申）」
・中央教育審議会　初等中等教育分科会　教育課程部会　国語ワーキンググループ（2016）「国語ワーキンググループにおける審議の取りまとめ」
・文部科学省（2017）『小学校学習指導要領解説　国語編』

第 2 章

資質・能力を育てる「説明的な文章」の授業

1年
じどう車くらべ (光村図書)

どちらがよいか、せつめいしよう

[山下美香]

単元目標

自動車の「しごと」と「つくり」に気をつけて読み、自動車のことを紹介する文章を書く。

知識及び技能
- それぞれの文の**主語と述語の関係**を押さえ、「そのために」によって文と文がつながっていることを理解することができる。

思考力、判断力、表現力等
- それぞれの自動車の「しごと」と「つくり」について、書かれている順序に気をつけて読み、「しごと」に合わせた「つくり」を**考えて選び出す**ことができる。

学びに向かう力、人間性等
- それぞれの自動車に関心をもち、「しごと」や「つくり」についてわかったことなどを説明しようとする。

　この教材で学ぶ論理的思考は、「物事の対応を捉えること」です。「問い＋答え＋答え＋答え」という列挙型の構成になっている説明文です。「どんなしごとをしているのか」、そのために「どんなつくりになっているのか」というように、問いが2つあります。また、「しごと」と「つくり」をつなぐ「そのために」に気づかせ、両方の文の関係を考えさせることも重要な論理的思考です。その「しごと（はたらき）」のために、その「つくり（形態・構造）」になっていることに気づかせ、読み、説明し、書くという学習をしていきます。

1　「じどう車くらべ」で育てたい資質・能力

　知識及び技能としては、それぞれの文の主語と述語の関係を押さえ、「そのために」によって文と文がつながっていることを理解することをめざします。その「しごと」があるからこそ、その「つくり」になっているという関係性に気づかせ、読ませます。そして、「そのために」という言葉に着目させます。その学んだことを第3次の書く活動へ生かします。

　思考力、判断力、表現力等としては、それぞれの自動車の「しごと」と「つくり」について、書かれている順序に気をつけて読み、「しごと」に合わせた「つくり」を考えて選び出すことをねらいます。子どもは、自動車の「しごと」と「つくり」にはすぐに気づいたとしても、その関係性まで考えることは難しいのではないかと考えました。その自動車の「しごと」を見つけられた、その自動車の「つくり」を見つけられたという断片的な思考では終わらない、「しごと」と「つくり」の関係性を考えていく力を育てていきます。

　学びに向かう力、人間性等としては、それぞれの自動車に関心をもち、「しごと」や「つくり」についてわかったことなどを説明することをめざします。そして、文と文の関係性に興味をもち、ほかの事例にも読み広げ、説明する学びに向かう力の育成にもつながっていくと考えます。

1年 じどう車くらべ

2 資質・能力を育てる言語活動の工夫

①ポイント

　その自動車の「しごと」を見つけられた、その自動車の「つくり」を見つけられたという断片的な思考では終わらない、「しごと」と「つくり」の関係性を考えていく力を育てていくことがポイントです。

　そこでモデル文を活用します。教師のモデル文A（「しごと」と「つくり」の関係性が正しい文章）とモデル文B（「しごと」と「つくり」の関係性が正しくない文章）を子どもに提示します。そのことによって、その「しごと」があるからこそ、その「つくり」があるという関係性に気づかせ、読ませていきます。

　どちらのモデル文がよいか考えていく学習活動を通して、よりよい文章を考えていきます。読む視点を作ったうえで、教科書の本文を読み取っていきます。そして、その力が身についたかどうかを第3次の絵合わせカードを作るという表現活動で検証していきます。

②ゴールとなる活動・絵合わせカード作り

　単元の導入で、教師自作の絵合わせカードで遊びます。絵合わせカードの自動車は、教科書教材にもある「バス」を取り上げます。バスが身近な自動車であると考えたからです。

　表にバスの「しごと」と「つくり」「つくり」が書かれている3枚のカードを順番に並べると、裏にその自動車の写真が出てくるというものです。文と文のつながりを意識させることに有効であるのではないかと考えました。

絵合わせカード　（表）　　　　　（裏）

3 主体的・対話的で深い学びの実現に向けて

○主体的な学び

　単元の最後に自分の紹介したい自動車の「しごと」と「つくり」の関係性を考えて、絵合わせカードを作ります。導入で教師自作の絵合わせカードで遊ぶことにより、単元の見通しをもち、主体的に学習に取り組めるようにします。

○対話的な学び

　導入で教師自作の絵合わせカードをグループで遊んだり、モデル文について全体で話し合ったりするなどお互いの考えを話し合いながら学習を進めます。

○深い学び

　その「しごと」があるからこそ、その「つくり」があるという関係性に気づかせ、読ませていきます。「そのために」の言葉に着目して、断片的な思考では終わらない、「しごと」と「つくり」の関係性を考えていく力を育てていくことを大切にします。

4 資質・能力を評価する手立て

○知識・技能

　それぞれの文の主語と述語の関係を押さえ、「そのために」によって文と文がつながっていることを理解することができているかを発言やノートから見とります。

○思考・判断・表現

　それぞれの自動車の「しごと」と「つくり」について、書かれている順序に気をつけて読み、「しごと」に合わせた「つくり」を考えて選び出すことができているかを発言やノートから見とります。

○主体的に学習に取り組む態度

　それぞれの自動車に関心をもち、「しごと」や「つくり」についてわかったことなどを説明しようとしているかを絵合わせカード、そして単元の振り返りからも見とります。

第2章　資質・能力を育てる「説明的な文章」の授業

〈単元の授業過程〉

次	時間	学習過程	学習活動	身につける資質・能力
第1次	2時間	（見通し）構造と内容の把握	✿ 教師自作の絵合わせカードで遊ぶ。 ✿ 「じどう車くらべ」を音読し、初めて知ったことやこの学習でやりたいことを書く。 ✿ 初発の感想の交流をし、学習計画を立てる。	● 学習の見通しをもち、説明文の内容の大体をつかもうとする。（主体的に学習に取り組む態度）
第2次	1時間	精査・解釈①	✿ 2つのモデル文を読み、どちらの文がよいかグループで話し合い、説明する。	● それぞれの文の主語と述語の関係を押さえ、「そのために」によって文と文がつながっていることを理解する。（知識・技能）
第2次	3時間	精査・解釈②	✿ 「じどう車くらべ」の文章構成を考える。 ✿ それぞれの自動車の特徴をグループでノートにまとめる。 ・バスやじょうよう車 ・トラック ・クレーン車	● それぞれの文の主語と述語の関係を押さえ、「そのために」によって文と文がつながっていることを理解する。（知識・技能） ● それぞれの自動車の「しごと」と「つくり」について、書かれている順序に気をつけて読み、「しごと」に合わせた「つくり」を考えて選び出す。（思考・判断・表現）
第3次	4時間	考えの形成	✿ はしご車の特徴をグループでノートにまとめる。 ✿ 学校図書館等にある自動車に関する図鑑や絵本の中から自分が絵合わせカードにしたい自動車を決める。「しごと」をカードにまとめる。 ✿ 自分が選んだ自動車の「つくり」をカードにまとめる。	● 自分が選んだ自動車の「しごと」と「つくり」について、「しごと」に合わせた「つくり」を考えて選び出す。（思考・判断・表現）
第3次	2時間	共有（振り返り）	✿ 文章を友だちと読み合い、「しごと」と「つくり」の関係性を確認する。 ✿ 自動車絵合わせカードで遊ぶ。	● 自分が選んだ自動車に関心をもち、「しごと」や「つくり」についてわかったことなどを説明しようとする。（主体的に学習に取り組む態度）

1年 じどう車くらべ

構造と内容の把握 ① 「じどう車くらべ」を音読し、初めて知ったことやこの学習でやりたいことを書こう

　「じどう車くらべ」では、「しごと」と「つくり」が「そのために」でつながっている関係性に気づかせることをねらいとします。1時間目は、教師自作の絵合わせカードで遊ぶことを通して、説明文に興味をもち、絵合わせカード作りへの興味を高めます。

1 目標

　「じどう車くらべ」を音読し、初めて知ったことやこの学習でやりたいことを書くことができる。

2 授業展開

単元のゴールイメージをもつ

①班の友だちと絵合わせカードで遊びましょう。
　・どんな順番で並べるのかな。
　・バスやじょうよう車について書かれているね。

　説明文の内容に興味がもてるように、また、文と文のつながりを自然と意識できるように絵合わせカードで遊びます。単元のゴールである絵合わせカード作りへの興味を高めることもねらいとしています。班の友だちといっしょに絵合わせカード遊びをすることで、お互いの考えを自然と話したり聞いたりすることもできます。

②絵合わせカードで遊んで気づいたことはありますか。
　・どの順番に並べたらよいか迷いました。
　・「そのために」のカードは、真ん中にあった方がよいと思います。
　・バスやじょうよう車のしごとが書いてあります。

　絵合わせカード遊びで、それぞれの班のカードの並べ方を全体で確認します。子どもがカードを並べる際に迷ったところを全体で共有します。そのことにより、文と文のつながりを考えながら読むという読みの課題を子どもの考えから設定することができます。どのような文と文のつながりがよいのか子ども自らが読みの課題をもち、学習を進めていくことを大切にします。

③これから、「じどう車くらべ」というお話を読みます。
　・どんな自動車が出てくるかな。
　・問いの文はあるかな。

　絵合わせカードで遊んだあとに、教材文を範読することで、自動車への興味関心を自然と高め、内容の大体をつかませます。そして、教師の範読のあとで音読をさせます。

④初めて知ったことやこの学習でやりたいことをノートに書きましょう。
　・絵合わせカードで遊んでいるときに、カードの並べ方に迷ってしまいました。どのように文を並べたらよいか知りたいです。
　・自分たちでも絵合わせカードを作って、友だちと遊びたいです。

3 本時の評価

　学習の見通しをもつことができたかを見るため、また読みの課題を再確認するため、初めて知ったことやこの学習でやりたいことをノートに書かせます。

○**主体的に学習に取り組む態度**
　自動車の「しごと」と「つくり」に関心をもち、学習の見通しをもとうとしているか。

構造と内容の把握 ② **「じどう車くらべ」の学習計画を立てよう**

　２時間目は、１時間目に子どもがノートに書いた初めて知ったことやこの学習でやりたいことを全体で共有し、学習計画を立てていくことをねらいとしています。文と文のつながりを考えながら読むという読みの課題を子どもの考えから設定することが大切です。

1 目標

「じどう車くらべ」の学習計画を立てることができる。

2 授業展開

学習計画を立てる

①このプリントは、前の時間に友だちが書いたものをまとめたものです。友だちが「じどう車くらべ」を読んで、初めて知ったことやこの学習でやりたいことがたくさん書いてあります。読んでみましょう。

・バスのしごとについてよくわかりました。ほかのじどう車のしごとについてもよんでみたいです。
・えあわせカードであそんでいるときに、カードのならべかたにまよってしまいました。どのように文をならべたらよいかしりたいです。
・じぶんたちでもえあわせカードをつくって、ともだちとあそびたいです。

前時の学習で子どもが書いた初めて知ったことやこの学習でやりたいことについて、１枚のプリントにまとめておきます。１年生には、教師の方で、書かれている事柄を整理してまとめて示すことが大切です。それにより、この学習の読みの課題を設定したり、単元のゴールを何にするか話し合ったりするなど教師主導ではなく、子ども自らが学習計画を立てていけるようになり、この学習の意欲を高めることへとつながります。

②この「じどう車くらべ」では、どんな学習をしていきますか。クラスで学習計画を立てましょう。

・それぞれのじどう車のしごとについてもっとしりたいです。
・えあわせカードであそんだときに、どのようにカードをならべるかまよってしまいました。まよったところをみんなでかんがえたいです。
・クラスでも、えあわせカードをつくってみたいです。

子どもにこの学習でやりたいことを簡単に出させます。その後、教師の方で項目を整理し、どのような順番で学習を進めていったらよいかを全体で話し合います。このように学習計画をクラスで作っていくことが、この学習を進めていく起動力になります。学習計画表を作成し、教室に掲示することも有効です。

学習計画を簡単にまとめた板書

3 本時の評価

単元の見通しをもつことができたかを見るため、今日の学習の振り返りをノートに書かせます。

○主体的に学習に取り組む態度

初発の感想について話し合い、学習計画を立てようとしているか。

1年 じどう車くらべ

| 精査・解釈① | ❶ |

「そのために」の文としっかりつながっているのは、どちらの文章か考えよう

3時間目は、モデル文を読んで、「しごと」と「つくり」が「そのために」でつながっている関係性に気づかせる時間です。モデル文を比較することで、「しごと」と「つくり」だけでなくそのつながりを考えていきます。

1 目標

2つのモデル文を検討することを通して、救急車の「しごと」と「つくり」の関係性に気づくことができる。

2 授業展開

文と文のつながりを考える

①救急車の絵合わせカードの文章を2つ作りました。どちらの文章がよいか迷っています。

【モデル文A】
　きゅうきゅう車は、びょう気の人やけがをした人をねかせたままはこぶしごとをしています。
　そのために、タイヤのついたベッドをつんでいます。
　ドアやまどもあります。

【モデル文B】
　きゅうきゅう車は、サイレンをならしてはしるしごとをしています。
　そのために、タイヤのついたベッドをつんでいます。
　びょう気の人やけがをした人をタイヤのついたベッドにねかせたまま、びょういんへはこびます。

救急車についてのモデル文を2つ提示します。2つのモデル文を音読して、本時の学習のめあてを作ります。救急車のモデル文Aとモデル文Bの共通文を見つけ、つながりについて考えます。

②「そのために」の文としっかりつながっているのは、どちらの文章か考えましょう。

・Aがよい。「びょう気の人やけがをした人をねかせたまま」と「タイヤのついたベッド」がつながっているからです。
・Bに「サイレンをならしてはしるしごと」とあるけど、それは救急車の仕事ではないと思うし、「タイヤのついたベッド」とはつながっていないです。
・Bがよい。Aの「ドアやまどもあります」というのは、救急車だけでなく、どの自動車でもいえるし、つながっていないからです。
・どちらもよくないので、つながっていないところを作り直したいです。

「つくり」の文を中心とした、それぞれの文のつながりを考えていきます。どちらのモデル文の文章もつながっていないことに気づかせ、新しい救急車の文章を作ります。

3 本時の評価

救急車の「しごと」と「つくり」の関係性を考え、文と文のつながりに気づくことができたかを見るため、今日の学習の振り返りをノートに書かせます。

○知識・技能

それぞれの文の主語と述語の関係を押さえ、「そのために」によって文と文がつながっていることを理解することができたか。

第2章　資質・能力を育てる「説明的な文章」の授業

| 精査・解釈② | **① 「じどう車くらべ」の文章全体の仕組みを考え、バスやじょうよう車の「しごと」と「つくり」を読もう** |

　４時間目は、「じどう車くらべ」の文章構成を考えていきます。問いの文章やどんな自動車について書かれているのかを読んでいきます。「しごと」と「つくり」の関係性を押さえ、どんな自動車について書かれているかを読みます。

1 目標

　「じどう車くらべ」の文章構成を考え、バスやじょうよう車の「しごと」と「つくり」を読むことができる。

2 授業展開

「じどう車くらべ」の文章構成を考え、バスやじょうよう車の「しごと」と「つくり」を読む

①「じどう車くらべ」の文章がいくつの部屋でできているか考えましょう。
　・問いの文が２つあります。
　・「それぞれのじどう車は、どんなしごとをしていますか」
　・「そのために、どんなつくりになっていますか」
　・バスやじょうよう車が出てきます。
　・トラックやクレーン車が出てきます。

　「じどう車くらべ」の文章を１枚の紙に提示します。そのようにすることで、文章全体の構成がわかりやすくなります。「はじめ」の部分と「説明」の部分を押さえます。そして、「説明」がバスやじょうよう車、トラック、クレーン車の３つの意味段落からできていることを読みます。問いの文から、それぞれのじどう車の「しごと」と「つくり」を読んでいくことを確認します。

②バスやじょうよう車の「しごと」と「つくり」を読んで、ノートに書きましょう。
　・バスやじょうよう車は、人をのせてはこぶしごとをしています。
　・ざせきのところが、ひろくつくってあります。
　・そとのけしきがよく見えるように、大きなまどがたくさんあります。

　ノートにバスやじょうよう車の「しごと」と「つくり」を書かせるようにします。時間があれば、バスやじょうよう車の絵を描かせてもよいと思います。そうすることで文の「つくり」と絵をつなげることもできます。

③ノートに書いたバスやじょうよう車の「しごと」と「つくり」を班の友だちと確認しましょう。

ノートの記入例

　ノートに書いたことを友だちと確認します。

3 本時の評価

　バスやじょうよう車の「しごと」と「つくり」を読み取ることができたかを見るため、今日の学習の振り返りをノートに書かせます。
○思考・判断・表現
　バスやじょうよう車の「しごと」と「つくり」、その関係性について読むことができたか。

1年 じどう車くらべ

| 精査・解釈② | **2 トラックの「しごと」と「つくり」を読もう** |

5時間目は、4時間目と同様に身につけた力を、本文を読むことを通して確認していく時間です。トラックの「しごと」と「つくり」を読み取り、その関係性も押さえて読みます。

1 目標

トラックの「しごと」と「つくり」を読むことができる。

2 授業展開

トラックの「しごと」と「つくり」を読む

①トラックの「しごと」と「つくり」を読んで、ノートに書きましょう。
  ・トラックは、にもつをはこぶしごとをしています。
  ・うんてんせきのほかは、ひろいにだいになっています。
  ・おもいにもつをのせるトラックには、タイヤがたくさんついています。

ノートにトラックの「しごと」と「つくり」を書かせるようにします。時間があれば、トラックの絵を描かせてもよいと思います。そうすることで文の「つくり」と絵をつなげることもできます。

②ノートに書いたトラックの「しごと」と「つくり」を班の友だちと確認しましょう。

ノートの記入例

ノートに書いたことを班の友だちと確認します。前時でも同じような学習をしているので、子ども主体で学習を進めていくことができると思います。グループの話し合いの際にも、子ども主体の話し合いを大切にしていきます。

③トラックの「しごと」と「つくり」をつないでいる言葉は、何ですか。
  ・「そのために」です。
  ・「そのために」という言葉がつないでくれています。
  ・トラックの「つくり」が2つ書かれています。
  ・荷物をたくさん載せたいから、荷台が広く作られています。
  ・たくさんの重い荷物を載せるので、タイヤもたくさんついています。

トラックの「しごと」と「つくり」について全体で確認します。その際、なぜそのようなつくりになっているのかを考えていくことで、自動車の「しごと」をさらによく押さえることができます。また、「そのために」という言葉で、文と文がつながっていることは、毎時間きちんと確認していきます。

3 本時の評価

トラックの「しごと」と「つくり」を読み取ることができたかを見るため、今日の学習の振り返りをノートに書かせます。
〇思考・判断・表現
トラックの「しごと」と「つくり」、その関係性について読むことができたか。

第2章 資質・能力を育てる「説明的な文章」の授業

| 精査・解釈② | **3 クレーン車の「しごと」と「つくり」を読もう** |

　6時間目は、3時間目と同様に身につけた力を本文を読むことを通して確認していく時間です。クレーン車の「しごと」と「つくり」を読み取り、その関係性も押さえて読みます。

1 目標

　クレーン車の「しごと」と「つくり」を読むことができる。

2 授業展開

クレーン車の「しごと」と「つくり」を読む

①クレーン車の「しごと」と「つくり」を読んで、ノートに書きましょう。
　・クレーン車は、おもいものをつり上げるしごとをしています。
　・じょうぶなうでが、のびたりうごいたりするように、つくってあります。
　・車たいがかたむかないように、しっかりしたあしが、ついています。

ノートの記入例

　クレーン車の「しごと」と「つくり」を書かせるようにします。時間があれば、クレーン車の絵を描かせてもよいと思います。そうすることで文の「つくり」と絵をつなげることもできます。6時間目になってくると、3種類目の自動車の読み取りをしているので、どんどん自分でノートを作っていくことができます。子ども主体の学習を大切にしていきたいです。教師側から発問しなくても、学習の流れがわかっています。ですから、バスやじょうよう車での読み取りを生かして、ノート作りをさせていくようにします。その読みの力が、第3次での絵合わせカード作りにも大きく活用されます。

②ノートに書いたクレーン車の「しごと」と「つくり」を友だちと確認しましょう。

　ノートに書いたことをグループの友だちと確認します。前時同様に、子ども主体で学習を進めていきます。

③クレーン車の「しごと」と「つくり」をつないでいる言葉は、何ですか。
　・「そのために」です。
　・「そのために」という言葉がつないでくれています。
　・クレーン車の「つくり」が2つ書かれています。

　クレーン車の「しごと」と「つくり」について全体で確認します。なぜそのようなつくりになっているのかについても確認します。

3 本時の評価

　クレーン車の「しごと」と「つくり」を読み取ることができたかを見るため、今日の学習の振り返りをノートに書かせます。
○思考・判断・表現
　クレーン車の「しごと」と「つくり」、その関係性について読むことができたか。

1年 じどう車くらべ

考えの形成 ① **はしご車の「しごと」と「つくり」について考えて書こう**

　7時間目は、4～6時間目で読み取ってきた力を生かし、はしご車の「しごと」と「つくり」について、挿絵や自分の知識を基にして書いていきます。絵合わせカード作り作をどのように進めていったらよいかも押さえることができます。

1 目標

　はしご車の「しごと」と「つくり」について考えて書くことができる。

2 授業展開

はしご車の「しごと」と「つくり」について考えて書く

①はしご車の「しごと」と「つくり」を考えましょう。はしご車は、どんなしごとをしていますか。
　・火事のときに人を助けます。
　・火を消します。

　はしご車のしごとについて、挿絵や自分の知識を基にして、気がついたことをどんどん発言させます。はしご車を実際に見たことがない子どもやどういう自動車かわからない子どももいることが予想されるので、自動車の図鑑や絵本、模型や実際に仕事をしている映像を見せるなど手立てを考えていくとよいです。そのようにすることで、はしご車がどのような自動車なのか具体的につかむことができ、一部の子どもだけの授業参加ではなく、クラス全体で学習を進めていくことができます。

②はしご車は、どんな「つくり」をしていますか。絵をよく見て、わかったことを発表しましょう。
　・はしごは長く伸びるようになっています。
　・はしごの先には人が乗れるようになっています。
　・クレーン車と同じように、しっかりしたあしがついているのが絵でわかります。

　はしご車の「つくり」について、挿絵や自分の知識を基にして、気がついたことをどんどん発言させます。「しごと」と「つくり」をつなげて発言する子どももいるので、教師側で板書をする際に、「しごと」と「つくり」に整理をしていきます。また、教科書の挿絵を活用し、子どもの発言した「つくり」について、4～6時間目の学習と同様に、文の「つくり」と絵をつなげていくことが大切です。

③はしご車の説明を書きましょう。
　・はしご車は、火じのとき、たかいところにいる人をたすけるしごとをしています。
　そのために、たかいビルまでとどくようにながいはしごをもっています。
　車体がかたむかないように、しっかりしたあしが、ついています。

　「―は、―しごとをしています」「そのために」「―しています」「―あります」などのように学習してきた文型や語句を活用していきます。ここでのポイントは、その「しごと」に合った「つくり」になっているかどうかです。文と文のつながりを考えていきます。

3 本時の評価

　はしご車の「しごと」と「つくり」を考えて書くことができたかを見るため、今日の学習の振り返りをノートに書かせます。
○思考・判断・表現
　はしご車の「しごと」と「つくり」、その関係性について書くことができたか。

| 考えの形成 | **② 絵合わせカードにしたい自動車を決めよう**

　8時間目は、いよいよ絵合わせカード作りです。学校図書館等にある自動車に関する図鑑や絵本の中から自分が絵合わせカードにしたい自動車を決めていきます。「しごと」と「つくり」を考えながら読んでいきます。

1 目標

　絵合わせカードにしたい自動車を決めることができる。

2 授業展開

絵合わせカードにしたい自動車の「しごと」と「つくり」を考えながら読み、どの自動車で書くかを決める

① 「じどう車くらべ」を音読しましょう。どんなことを学習してきましたか。
　・じどう車について書かれています。
　・じどう車のしごとについて書かれています。
　・じどう車のつくりについて書かれています。
　・「そのために」という言葉が大切でした。
　・文と文がつながっていました。

　本文を音読し、学習してきたことを振り返ります。学習してきたことを確認することで、絵合わせカード作りをどのように進めていったらよいか第3次の学習計画を立てることができます。

② 自動車の図鑑や絵本を読んで、絵合わせカードにしたい自動車を選びましょう。

　　・タクシー　　　・ダンプカー
　　・パトロールカー　・ブルドーザー
　　・消防車　　　　・ショベルカー
　　・ごみ収集車　　・ミキサー車

　教師はあらかじめさまざまな種類の自動車について調べられるような図鑑や絵本を用意しておきます。この際、学校図書館を活用します。1年生の段階で、一人で図鑑や絵本から情報を書き出すことは難しい作業です。そこで、学校司書と連携し、どのような絵合わせカードを作りたいのか、絵合わせカードに何を書きたいのかを相談します。そうすることで、自動車の「しごと」と「つくり」が書かれた年齢にふさわしい本を選んだり、学習の内容をきちんと押さえた本を用意したりすることができます。

　また、教室環境として、この学習を始める前から、自動車について書かれた図鑑や絵本などを集め、教室に置いておくと子どもも日頃から本に親しんだり、絵合わせカードにしたい自動車について考えたりできます。それは主体的に学習に取り組む態度へとつながっていくと考えます。

3 本時の評価

　好きな自動車の絵本や図鑑を読み、絵合わせカードにしたい自動車を決めることができたか。また、「しごと」と「つくり」を調べて書くための材料を集めることができたかを見るため、今日の学習の振り返りをノートに書かせます。

○主体的に学習に取り組む態度

　絵合わせカードにしたい自動車を決め、「しごと」と「つくり」についてすすんで調べようとしているか。

1年 じどう車くらべ

考えの形成 ③ **絵合わせカードにしたい自動車の「しごと」を調べて書こう**

　9時間目は、絵合わせカード作りの文章を具体的に考えていきます。8時間目で選んだ自動車の「しごと」を本で調べていきます。本の中からその自動車の「しごと」を読み取ることが大切です。

1 目標

　絵合わせカードにしたい自動車の「しごと」を調べて書くことができる。

2 授業展開

絵合わせカードにしたい自動車の「しごと」を調べて書く

①絵合わせカードにしたい自動車の「しごと」を調べましょう。

〈消防車〉
・火事を消す。

〈ブルドーザー〉
・工事現場で地面を平らにする。

〈パトロールカー〉
・町の見回りをする。
・交通違反の取り締まりをする。
・事件の捜査をする。

　「しごと」について、短い言葉でまとめていきます。教科書に載っている自動車は「しごと」と「つくり」がとてもわかりやすいものが書かれています。しかし、自動車の図鑑や絵本にはかなり専門的な自動車もたくさん載っており、それを子どもが選ぶことも予想されます。バスだけでも、路線バス、2階建てバス、観光バスなどさまざまな種類のバスが紹介されています。そのため、どのような「しごと」をしているのかを的確に読み取ること、調べて書き抜く力が必要になっていきます。個別の指導が必要になります。どこに「しごと」が書かれているかを書き抜くことができない子どもには、いっしょに本を読んであげたり、「しごと」について声かけをしたりする指導が必要です。

②調べた自動車の「しごと」をカードに下書きしましょう。

〈消防車〉
・しょうぼう車は、火じをけすしごとをしています。

〈ブルドーザー〉
・ブルドーザーは、こうじげんばでじめんをたいらにするしごとをしています。

〈パトロールカー〉
・パトロールカーは、町の見まわり、こうつういはんのとりしまり、じけんのそうさなどのしごとをしています。

　「─は、─しごとをしています」の文型に当てはめて、絵合わせカードにする自動車の「しごと」を下書きします。

3 本時の評価

　自分が選んだ絵合わせカードにしたい自動車について、その自動車の「しごと」を考えてカードに書くことができたかを見るため、今日の学習の振り返りをノートに書かせます。

○思考・判断・表現

　自分が選んだ自動車について、「しごと」を考えてカードに書くことができたか。

| 考えの形成 | ④ 絵合わせカードにしたい自動車の「つくり」を調べて書こう |

10時間目も、9時間目と同様に絵合わせカード作りの文章を具体的に考えていきます。8時間目で選んだ自動車の「つくり」を本で調べていきます。本の中からその自動車の「つくり」を読み取り、「しごと」とつなげた「つくり」を書いていきます。

1 目標

絵合わせカードにしたい自動車の「つくり」を調べて書くことができる。

2 授業展開

絵合わせカードにしたい自動車の「つくり」を調べて書く

①絵合わせカードにしたい自動車の「つくり」を調べましょう。

〈消防車〉
・ホースがある。
・サイレンがついている。

〈ブルドーザー〉
・地面を平らにする鉄でできた大きな板がある。
・バケットを上下に動かしたり、ななめに傾けたりすることができる。

〈パトロールカー〉
・サイレンがついている。
・赤いランプがある。

「つくり」について、短い言葉でまとめていきます。まずは、「つくり」についてたくさん調べさせていきます。「つくり」について、書かれていない本については、本の写真や絵を見て自分で考えることもできます。

②調べた自動車の「しごと」をカードに下書きしましょう。

〈消防車〉
・そのために、火じをけすホースがあります。火じのげんばにすぐに行けるように、サイレンもついています。

〈ブルドーザー〉
・そのために、じめんをけずったり、土をおしてはこんだりして、じめんをたいらにしたりするてつでできた大きないたがあります。バケットを上下にうごかせるほか、ななめにかたむけることもできます。

〈パトロールカー〉
・そのために、じけんのときにまわりの人にしらせるサイレンがついています。じけんのときにサイレンをならして大いそぎでかけつけます。

「そのために」「―しています」「―あります」などのように学習してきた文型や語句を活用していきます。その「しごと」に合った「つくり」になっているかどうか、文と文のつながりを考えていきます。

3 本時の評価

自分が選んだ絵合わせカードにしたい自動車について、その自動車の「つくり」を考えてカードに書くことができたかを見るため、今日の学習の振り返りをノートに書かせます。

○思考・判断・表現

自分が選んだ自動車について、「つくり」を考えてカードに書くことができたか。

1年 じどう車くらべ

共有 ① 文章を友だちと読み合い、「しごと」と「つくり」の関係性を確認しよう

　11時間目は、9・10時間目で下書きをしてきた絵合わせカードにしたい自動車の「しごと」と「つくり」について、「そのために」でつなげて書けているかどうかを考えることをねらいとします。

1 目標

　文章を友だちと読み合い、「しごと」と「つくり」の関係性を確認することができる。

2 授業展開

文章を友だちと読み合い、「しごと」と「つくり」の関係性を考える

①絵合わせカードの下書きについて、「そのために」でつながっているかを考えながら友だちと読み合いましょう。

〈消防車〉
・しょうぼう車は、火じをけすしごとをしています。
　そのために、火じをけすホースがあります。
　火じのげんばにすぐにいけるように、サイレンもついています。

〈ブルドーザー〉
・ブルドーザーは、こうじげんばでじめんをたいらにするしごとをしています。
　そのために、じめんをけずったり、土をおしてはこんだりして、じめんをたいらにしたりするてつでできた大きないたがあります。
　バケットを上下にうごかせるほか、ななめにかたむけることもできます。

〈パトロールカー〉
・パトロールカーは、町の見まわり、こうつういはんのとりしまり、じけんのそうさなどのしごとをしています。
　そのために、じけんのときにまわりの人にしらせるサイレンがついています。
　じけんのときにサイレンをならして大いそぎでかけつけます。

　絵合わせカードの下書きをしたカードをつなげて文章全体を読み返します。「そのために」という言葉で、自動車の「しごと」と「つくり」をつなげて書けているかどうか、つまり「しごと」と「つくり」の関係性を押さえられているかどうかを友だち同士で読み合い、確認します。

②絵合わせカードの清書をしましょう。清書が終わったら、「つくり」がよくわかるように、自動車の絵を描きましょう。

絵合わせカードの文章例

　清書をした後、カードの裏にその自動車の絵を描きます。絵合わせカードの完成です。

3 本時の評価

　絵合わせカードの自動車の「しごと」と「つくり」の関係性を押さえられているかどうかを見るため、今日の学習の振り返りをノートに書かせます。
○知識・技能
　「そのために」によって文と文がつながっていることを理解しているか。

| 共 有 | **❷ 作った自動車絵合わせカードで遊ぼう**

　単元の最後の時間である12時間目は、できあがった絵合わせカードで遊びます。1時間目と違い、ただ遊ぶのではなく、「そのために」という言葉に着目し、「しごと」と「つくり」の関係性を考えながら絵合わせカードを並べることが期待できます。

1 目標

　絵合わせカードで遊ぶことを通して、「しごと」と「つくり」の関係性を考えることができる。

2 授業展開

絵合わせカードで遊ぶことを通して、「しごと」と「つくり」の関係性を考える

①できあがった自動車絵合わせカードで遊びましょう。

〈絵合わせカードの遊び方〉
①文章が書いてある3枚のカードを「しごと」と「つくり」の関係性を考えながら並べます。

> しょうぼう車は、火じをけすしごとをしています。
>
> そのために、火じをけすホースがあります。
>
> 火じのげんばにすぐにいけるように、サイレンもついています。

絵合わせカードの文章例

②音読します。
③カードをめくって、自動車の絵になるかどうか遊びます。

　カードをめくって、自動車の絵が完成すれば、「しごと」と「つくり」がつながっている文章になっていることが確認できます。「そのために」という言葉に着目し、「しごと」と「つくり」の関係性を考えながら絵合わせカードを並べられたことがわかります。

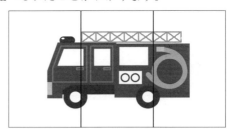

絵合わせカードの自動車の絵の例

②自動車絵合わせカードで遊んだ感想を書きましょう。

・絵合わせカードで遊んでおもしろかった。「しごと」と「つくり」に気をつけて並べることができた。
・まずは、「そのために」のカードをよく読んで並べることができた。
・自動車の絵が出てきてうれしかった。

3 本時の評価

　できあがった自動車絵合わせカードで遊ぶことを通して、その自動車の「しごと」と「つくり」の関係性を押さえられているかどうかを見るため、単元全体の学習の振り返りをノートに書かせます。

○**主体的に学習に取り組む態度**
　自分が選んだ自動車に関心をもち、「しごと」や「つくり」について説明しようとしているか。

子どもの「自動車絵合わせカード」の例

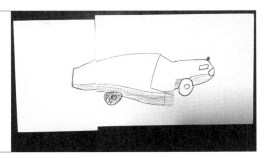

パトロールカーは、まちのみまわり、こうつういはんのとりしまり、こうつうじこのそうさなどのため、けいさつかんがのるじどう車です。

そのために、じけんのときにまわりの人にしらせるサイレンがついています。

パトロールカーは、じけんのときにサイレンをならして大いそぎでかけつけます。

パトロールカー

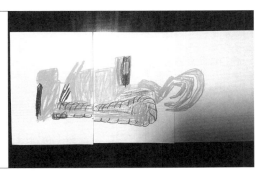

ブルドーザーは、こうじげんばでじめんをたいらにするじどう車です。

そのために、じめんをけずったり、土をおしてはこんだりして、じめんをたいらにする、てつでできた大きないたがあります。

ブルドーザーは、大きないたを上下にうごかせるほか、ななめにかたむけることもできます。

ブルドーザー

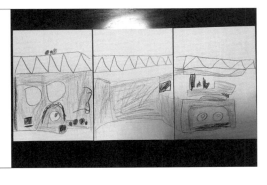

はしご車は、ビルなどたかいところの火をけしたり、人をたすけたりするじどう車です。

そのために、のびたりちぢんだりするはしごをつんでいます。

ビルなどたかいところの火をけしたり、人をたすけたりします。しょうぼうしがはしごの先にのってかつどうします。

はしご車

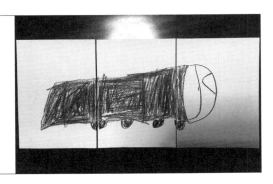

せいそう車は町のごみをあつめるじどう車です。

そのために、ごみをおくに入れるためのいたがついています。

せいそう車は、さぎょうをする人がてきぱきと、つみこみ口にごみを入れます。ごみをすべてつみこむと、せいそう車はつぎのしゅうせきじょへとむかいます。

せいそう車

2年 たんぽぽのちえ (光村図書)

「たんぽぽのちえ」で読み取ったことを生かして、
「〇〇のちえカード」を作ろう

[外川なつ美]

単元目標
事柄の順序や事象の様子と理由の関係を読み取り、「〇〇のちえカード」に表すことができる。

知識及び技能
- 共通、相違、事柄の順序など**情報と情報との関係**について理解することができる。
- 文の中における主語と述語との関係に気づくことができる。

思考力、判断力、表現力等
- 時間的な順序や事柄の順序などを考えながら、内容の大体を捉えることができる。
- 文章の中の重要な語や文を**考えて選び出す**ことができる。

学びに向かう力、人間性等
- 説明的な文章に書かれた内容の大体や、情報と情報との関係を理解しようとする。
- 図鑑や科学的なことについて書いた本に興味をもち、調べたり考えたりしようとする。

　この単元では、たんぽぽの成長の順序や様子と理由の関係などの「情報と情報との関係について理解することができる」「主語と述語との関係に気づくことができる」ことを重点におきながら、「重要な語や文を考えて選び出す」ことで知恵をまとめていく学習活動を設定しました。「たんぽぽのちえ」におけるすべての知恵は、新しい仲間を増やすためにあることに気づかせ、ほかの植物の知恵に興味を広げます。そして図鑑や科学的なことについて書いた本で調べ「ちえカード」にまとめます。

1 「たんぽぽのちえ」で育てたい資質・能力

　知識及び技能としては、事柄の順序を理解するということがポイントです。たんぽぽの花が咲いてから綿毛を飛ばすまでの、時を表す言葉に着目させます。

　また、文の中における「たんぽぽは」「じくが」などの主語と、「太らせるのです」「おき上がります」などの述語の関係に気づくことをねらいます。

　思考力、判断力、表現力等としては、たんぽぽが綿毛になるまでの時間的な順序や事柄の順序などを考えながら、内容の大体を捉えることができるようにします。そして「ちえ」をまとめるために、文章の中の重要な語句や文を考えて選び出す力をつけます。

　学びに向かう力、人間性等としては、たんぽぽがどのような「ちえ」を、何のために働かせているのか興味をもつことができるようにします。本文で学んだことを生かして、ほかの植物について調べることで、学びに向かう力の育成をめざします。

2 資質・能力を育てる言語活動の工夫

①ポイント

　事柄の順序を手がかりとして、説明文全体の構造を捉えます。また、始め・中・終わりの構造を捉えることも大切です。重要な語や文を考えながら4つの知恵をまとめ、たんぽ

ぽが何のために知恵を働かせているのかに気づかせます。

②ゴールとなる活動・「〇〇のちえカード」づくり

「たんぽぽのちえ」から興味を広げて、ほかの植物にも新しい仲間を増やすための知恵があるかもしれない、と興味をもたせます。読み取りを生かして、事柄の順序や、様子と理由の関係に気をつけて読書をし、「〇〇のちえカード」にまとめ、読み合います。

③教材研究

「たんぽぽのちえ」はたんぽぽが花を咲かせてから綿毛を飛ばすまでの過程でさまざまな知恵を働かせていることが書かれている説明文です。これらの知恵はすべて「あたらしいなかまをふやしていく」ためのものであることが結論として示されます。終わりに結論部分がある説明文はこの単元が初出です。

また、たんぽぽが擬人化された表現が多くあります。たんぽぽの工夫を、動作化したり想像したりして子どもたちに理解させることができる教材です。

3 主体的・対話的で深い学びの実現に向けて

○主体的な学び

情報と情報との関係に気づきながら文章を読み取ってたんぽぽの知恵をまとめ、最後に「ちえカード」づくりをします。たんぽぽの観察をしたり関連する本をいつでも読める環境を整えたりすることで、主体的に学習に取り組めるようにします。

○対話的な学び

実際に観察をしたり、複数の本を読んだりすることで、個々の考えを広げたり深めたりします。お互いに調べたり考えたりしたことを、「ちえカード」を読み合う段階で共有し合い、学びを進めます。

○深い学び

時を表す言葉や、たんぽぽの様子と理由を読み取ることで、たんぽぽの知恵とは何かがわかってきます。その視点でほかの植物の知恵をカードにまとめるという学びの体験を大切にすることがポイントです。

たんぽぽの観察

4 資質・能力を評価する手立て

○知識・技能

時を表す言葉や、文の中における主語と述語の関係に気づくことができているかを、ワークシートや本文に傍線を引かせて確かめます。文章全体を表にまとめることで、情報と情報との関係を理解できているか見とります。

○思考・判断・表現

時間的な順序や事柄の順序、内容の大体を捉えることができているかを、ノートや発言から見とります。「ちえカード」にまとめる活動から、調べた植物の様子と理由の関係、知恵を理解できているか確かめます。

○主体的に学習に取り組む態度

文章中の言葉や表現、内容などに興味をもって学ぶことができたか、発言やノート、たんぽぽの観察の様子から把握するようにします。また、ほかの植物について書かれた本に興味をもって調べたり、考えたりすることができたか、見とるようにします。

〈単元の授業過程〉

次	時間	学習過程	学習活動	身につける資質・能力
第1次	3時間	（見通し） 構造と内容の把握	✿たんぽぽについて知っていることを出し合う。全文を読み、気がついたことや調べてみたいことを共有する。 ✿たんぽぽの観察をして「ちえ」という言葉について考える。これからの学習のおおよその見通しをもつ。 ✿段落番号を振り、時を表す言葉等を見つける。文章全体の内容を把握する。	●学習の見通しをもち、文章中の言葉や表現、内容などに興味をもつ。（主体的に学習に取り組む態度） ●時間的な順序や事柄の順序などを考えながら、内容の大体を捉える。（思考・判断・表現）
第2次	2時間	精査・解釈①	✿第2〜5段落について、たんぽぽの様子と理由の関係を読み取る。 ✿第6〜9段落について、たんぽぽの様子と理由の関係を読み取る。	●文の中における主語と述語との関係に気づき、情報と情報との関係について理解することができる。（知識・技能）
	2時間	精査・解釈②	✿読み取った「ちえ」を、様子と理由の関係に気をつけながら表にし、「ちえ」をまとめる。 ✿4つの「ちえ」は何のためにあるのかに気づかせる。第10段落の働きを考える。	●文章の中の重要な語句や文を考えて、「ちえ」をまとめることができる。（思考・判断・表現）
第3次	2時間	考えの形成	✿ほかの植物の「なかまをふやすためのちえ」を調べる。 ✿「○○のちえカード」にまとめる。	●関連する本に興味をもち、調べたり考えたりしようとする。（主体的に学習に取り組む態度） ●重要な語や文を考えて選ぶ。（思考・判断・表現）
	1時間	共有 （振り返り）	✿友だちと「カード」を読み合う。 ✿学習を振り返り、感想を書く。	●わかったことや考えたことを共有する。（思考・判断・表現）

2年 たんぽぽのちえ

構造と内容の把握 ① たんぽぽについて知りたい、調べたいことを出し合おう

　たんぽぽは子どもたちにとって身近な植物です。説明文を読むにあたり、1時間目はたんぽぽに対する興味を耕し、既有の知識を共有します。本文を読んで気がついたことや調べてみたいことを出し合い、次時の観察、ひいては実感を伴った内容の理解につなげます。

1 目標

　「たんぽぽのちえ」を読んで、たんぽぽについて調べたい、観察をしたいという意欲をもつことができる。

2 授業展開

たんぽぽについて知っていることを出し合う

①たんぽぽはアサガオや桜などほかの花と比べて、どんな花だと思いますか。
　・春に黄色い花が咲く。
　・木ではなく、地面に咲く。
　・世話をしなくても毎年咲く。

　ほかの植物と比べることで、改めてたんぽぽという植物への興味を喚起し、説明文を読む意欲につなげます。

気がついたことや観察してみたいことをノートに書き、板書で共有する

②全文を読んで、気がついたことや、実際に調べてみたいことはなんですか。
　〈気がついたこと〉
　・たんぽぽの花が一度しぼんでしまうこと。
　・じくがたおれても、かれてしまったわけではないこと。
　・たんぽぽには命があり、生きていること。
　〈観察してみたいこと〉
　・たんぽぽのじくがたおれたり、起き上がったりするところ。
　・わた毛のらっかさんをよく見たい。
　・花のじくがせのびをするところ。
　・雨降りの日に、わた毛のらっかさんがすぼむところ。

　本文には、子どもたちが知っているようで知らなかった情報がたくさん含まれています。観察をしに行く、というめあてをもって初読をすることが、これからの子どもたちの読む意欲につながります。

③知らなかった言葉や、意味を知りたい言葉はありますか。
　・しぼむ、すぼむ　　・花のじく
　・らっかさん　　　・しめり気　　など

　わからない言葉を明らかにしておきます。「じく」「しぼむ」などの様子は、次時の観察で、よく見てくるようにします。

3 本時の評価

　たんぽぽについて説明文を読みたい、調べてみたいという意欲をもつことができているか見とるため、ノートに気がついたことや観察してみたいことを書かせます。

○主体的に学習に取り組む態度
　文章中の言葉や表現に興味をもって取り組もうとしているか。

気がついたことや知りたいことを出し合う

構造と内容の把握 ② たんぽぽを観察して、
「ちえ」について考えよう

　２時間目はたんぽぽの観察をし、体験的な理解をねらいます。前時に出し合った知りたいことや調べたいことを見てくるようにします。また、この教材文のキーワードとなる「ちえ」について考え、詳しく読んでいくための構えを作ります。

1 目標

　たんぽぽの観察をして「ちえ」という言葉について考え、これからの学習のおおよその見通しをもつことができる。

2 授業展開

たんぽぽの観察に出かける

①知りたかったことや、本文に書いてあったことを確かめるために観察をしましょう。

- たおれているじくがあった。
- たおれていた花の中身をよく見ると、黄色いものと、白いものがあった。
- わた毛のらっかさんを１つひろってみた。
- 今日は晴れていたから、わた毛のらっかさんがすぼんでいなかった。

実際に観察することで、文章中に使われている言葉や表現を具体的に理解することができます。スケッチや、わかったことをワークシートにかきます。

「ちえ」について考える

②たんぽぽには本当に「ちえ」があると思いますか。

- あると思う。たんぽぽにはいろいろなひみつがあるから。
- たんぽぽはかしこいけれど、考えているわけではないと思う。
- ちえは、たんぽぽの工夫をあらわしていると思う。

　「ちえ」はたんぽぽの工夫を人のように例えた（擬人化した）表現です。「たんぽぽのちえとはなんだろう」という視点をもち、次時からの読みの構えを作ります。

3 本時の評価

　ワークシートや発言、観察の様子から、たんぽぽの観察に興味をもち、「ちえ」という言葉について考えることができたか見とります。

○主体的に学習に取り組む態度

　たんぽぽの観察をして、たんぽぽや、たんぽぽの「ちえ」に興味をもっているか。

観察ワークシート

構造と内容の把握 ③ 「ちえ」はいくつあるのか考えよう

3時間目は、時を表す言葉やたんぽぽの部分を表す言葉に注目して、内容の大体を捉えることをねらいます。全文を一目で見渡すことができるワークシートを用意し、しるしをつけていきます。時間や内容が変わるところを手がかりに、4つのまとまりに整理していきます。

1 目標

時を表す言葉やたんぽぽの部分を表す言葉に注目して、「ちえ」がいくつあるのか考え、内容の大体を捉えることができる。

2 授業展開

文章全体のつくりを読む

①段落番号を振って、始め・中・終わりを見つけましょう。

始め	①	話題提示の文から始まる
中	②〜⑨	様子とその理由、「ちえ」
終わり	⑩	まとめになっている

②「中」を読んで、時を表す言葉にしるしをつけましょう。

〈時を表す言葉〉
②二、三日たつと
③
④やがて
⑤
⑥このころになると
⑦
⑧よく晴れて、風のある日
⑨しめり気の多い日や、雨ふりの日

文章全体がたんぽぽの成長の順になっていることを確かめ、時を表す言葉にしるしをつけます。全文を一目で見渡せるワークシートに子どもが自分でしるしをつけることで、段落のまとまりを捉えることができます。

③「中」を読んでたんぽぽの部分を表す言葉にしるしをつけて、まとまりごとのキーワードを見つけましょう。

②③花、じく
④⑤わた毛
⑥⑦花のじく
⑧⑨わた毛のらっかさん

※「たんぽぽ」はあえて、しるしをつけない

たんぽぽの部分を表す言葉にしるしをつけて、段落のまとまりごとの中心を見つけます。

全文ワークシート（色分けをしてしるしをつける）

④学習感想を書きましょう。
・大きく4つに分かれることがわかった。
・「中」は2段落ずつセットになっていた。

3 本時の評価

内容の大体を捉えることができているか確かめるため、ワークシートで作業をさせ、学習感想で見とります。

○思考・判断・表現

全文を読み、時間的な順序や事柄の順序などを考えながら、内容の大体を捉えることができたか。

精査・解釈①	**1 たんぽぽの様子と その理由を読み取ろう①**

　4・5時間目は「ちえ」の内容について詳しく読んでいきます。それぞれの「ちえ」ごとに、たんぽぽの様子と、その理由をていねいに読んでいきます。文章中の語句や内容を、子どもたちの体験や観察に出かけた経験と結びつけて理解を深めます。

1 目標

　主語と述語の関係に気をつけながら、たんぽぽの様子とその理由を理解することができる。

2 授業展開

様子と理由を読み取り、ノートにまとめる

第2・3（花とじく）段落

①2、3日たつと、たんぽぽはどんな様子になりますか。
　　・花がしぼむ。
　　・だんだん黒っぽい色に変わっていく。
　　・花のじくがぐったりと地面にたおれる。
　第2段落から、たんぽぽの様子を捉えます。本文ではこれらの様子を「かれてしまった」ようだと表現しています。

②どうしてこのような様子になるのですか。
　　・花とじくをしずかに休ませているから。
　　・たねに栄養を送っているから。
　　・たねをどんどん太らせている途中だから。
　たんぽぽはかれてしまったのではなく、必要があって休んでいるような状態であることを確かめます。接続詞「けれども」の使われ方もおさえます。

第4・5（わた毛）段落

③やがて、たんぽぽはどのようになりますか。
　　・花がすっかりかれる。
　　・白いわた毛ができる。
　第4段落から、たんぽぽの様子を捉えます。「わた毛」という言葉は第4段落で初めて出てきます。

④わた毛はどんな様子ですか。
　　・ひろがるらっかさんのようになる。
　　・ふわふわととぶ。
　「らっかさんのように」はていねいに扱います。パラシュートの模型を実際に見せるのもよいでしょう。たんぽぽの作るわた毛は、軽くてふわふわと飛ぶものだということをおさえます。

3 本時の評価

　1つめ・2つめの「ちえ」について、たんぽぽの様子とその理由を理解することができているか見とるために、ノートを書かせます。
○知識・技能
　たんぽぽの様子とその理由の関係を理解することができたか。

第2・3段落のノートの例

```
めあて　たんぽぽのようすとそのりゆうを読みとろう
一・二・三日たつと
　　花はしぼんで(花・じく)くろっぽくなり、
　　花のじくがぐったりとじめんにたおれる。
　　・よう(花・じく)
ニ・花は、じくを休ませているから。
```

精査・解釈① ❷ たんぽぽの様子とその理由を読み取ろう②

　4時間目に引き続き、5時間目は3つめと4つめの「ちえ」について詳しく読んでいきます。たんぽぽの様子には、それに対応する理由があることに気づかせ、次時以降の「ちえ」をまとめる学びにつなげます。

1 目標

　主語と述語の関係に気をつけながら、たんぽぽの様子とその理由を理解することができる。

2 授業展開

様子と理由を読み取り、ノートにまとめる

第6・7（花のじく）段落

①このころになると、花のじくはどんな様子になりますか。
・またおき上がる。
・せのびをするようにぐんぐんのびる。

　第6段落から、たんぽぽの様子を捉えます。「せのびをするように」はたとえですが、実際に動作化させるとよいでしょう。

②どうしてこのような様子になるのですか。
・高くのびたほうが、わた毛に風が当たるから。
・そのほうがたねをとおくまでとばすことができるから。

　この第7段落には「なぜ～のでしょう」「それは～からです」という表現が用いられています。それぞれ、問いと答えの文になっていることを確かめます。

第8・9（わた毛のらっかさん）段落

③よく晴れて風のある日のわた毛のらっかさんはどのようになりますか。
・いっぱいにひらく。
・わた毛がとおくまでとんでいく。

④しめり気の多い日や、雨ふりの日はどうでしょう。またそれはなぜですか。
・すぼんでしまう。
・わた毛がしめっておもくなると、たねをとおくまでとばせないから。

　この第8・9段落は様子・理由という構造ではなく、天候による条件で整理されています。「すぼむ」と「しぼむ」の違いや、湿っているという状態については、ていねいに扱います。

3 本時の評価

　3つめ・4つめの「ちえ」について、たんぽぽの様子とその理由を理解することができているか見とるために、ノートを書かせます。

○知識・技能

　たんぽぽの様子とその理由の関係を理解することができたか。

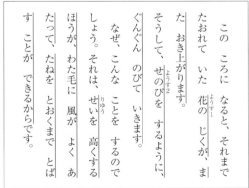

本文に傍線を引いて読み取る

| 精査・解釈② | ① 様子とその理由を表にまとめて、「ちえ」をまとめよう |

　6時間目では、今までに読み取ってきた時を表すことば、たんぽぽの様子やその理由を表にまとめます。ノートを振り返りながら、様子と理由から重要な語を組み合わせて、1つ1つの「ちえ」をまとめていきます。

1 目標

　読み取ってきた様子と理由の関係に気をつけながら、「ちえ」を表にまとめることができる。

2 授業展開

様子と理由を整理して「ちえ」をまとめる

①花とじくの段落（②・③）の時はいつですか。たんぽぽはどんな様子で、それはどんな理由からでしたか。表に書きましょう。
　・二、三日たつと
　・花はしぼんで黒っぽい色になる、じくはぐったりとたおれる。
　・たねにえいようを送っているから、たねを太らせているから。

②この段落でのたんぽぽの「ちえ」をまとめて、表に書きましょう。
　・花とじくを休ませて、たねを太らせるちえ。

③わた毛の段落（④・⑤）の時はいつですか。たんぽぽはどんな様子で、それはどんな理由からでしたか。表に書きましょう。
　・やがて（、花はすっかりかれて）
　・白いわた毛ができる。
　・たねをふわふわととばすから。

④この段落でのたんぽぽの「ちえ」をまとめて、表に書きましょう。
　・らっかさんのようなわた毛でたねをふわふわととばすちえ。

　ノートを振り返りながら、今までに詳しく読んできた、時、たんぽぽの様子、理由を段落のまとまりごとに確かめます。そこから「ちえ」をまとめる表現を考え、表に整理します。⑥〜⑨段落についても、同じように考えていきます。
　・ぐんぐんのびて風をよく当て、たねをとおくまでとばすちえ。
　・天気のよい日にわた毛のらっかさんをひらいてたねをとおくまでとばすちえ。

3 本時の評価

　たんぽぽの様子や理由、「ちえ」を表にまとめさせ、その関係をつかむことができているか確かめます。

○思考・判断・表現
　文章の中の重要な語句や文を考えて、「ちえ」をまとめることができたか。

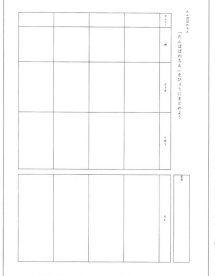

表「たんぽぽのちえ」まとめ

2年 たんぽぽのちえ

| 精査・解釈② | **２ ４つの「ちえ」はなんのためにあるのか考えよう** |

7時間目では、第10段落に注目して読んでいきます。この段落の「このように」「いろいろなちえ」が前段落までの4つの「ちえ」を示していることに気づかせ、4つの「ちえ」はなんのためにあるのか考えさせます。たんぽぽの「ちえ」は仲間を増やすためにある、という気づきが次時以降につながります。

1 目標

4つの「ちえ」はなんのためにあるのかに気づき、まとめの段落の働きを考えることができる。

2 授業展開

第10段落を音読して、内容について考える

①「いろいろなちえ」とはなんのことをいっていますか。
 ・じくやわた毛のちえ。
 ・4つのちえのこと。

②「このように」とはなんのことをいっていますか。
 ・じくや花を休ませること。
 ・風が当たるようにせいを高くすること。
 ・天気の悪い日にはたねをとばさないこと。

「このように」、「いろいろなちえ」が第9段落までの内容を指していることに気づかせます。3時間目に始め・中・終わりのまとまりに分けたことと、この第10段落がまとめの働きをしていることがつながります。

③たんぽぽはなんのためにいろいろな「ちえ」をはたらかせているのですか。
 ・あちらこちらにたねをちらすため。
 ・あたらしいなかまをふやすため。

すべての「ちえ」は、「なかまをふやすため」であることがここで示されます。この第10段落を詳しく読んだ後にもう一度全文を音読するとより理解が深まるでしょう。

④ほかの植物にも、「ちえ」があるのですか。
 ・ほかの花にもちえがあるかもしれない。
 ・ほかの植物もなかまをふやしているけれどたんぽぽとはちがう。

「なかまをふやすため」に「ちえ」があることから、ほかの植物に興味を広げます。

⑤学習感想を書きましょう。
 ・たんぽぽがいろいろな工夫をしているのは、なかまをふやすためなのだとわかった。
 ・たんぽぽにとって、あちらこちらにたねをちらすことは大切なのだとわかった。
 ・ほかの植物にもちえがあるかもしれないから、調べてみたいと思った。

3 本時の評価

第10段落の働きを理解して、自分の考えをもつことができているか確かめるために、学習感想を書かせます。

○思考・判断・表現

たんぽぽの「ちえ」が仲間を増やすためにあることを捉え、自分の考えを書くことができたか。

第2章 資質・能力を育てる「説明的な文章」の授業

| 考えの形成 | **① ほかの植物の「ちえ」を調べよう** |

　8時間目はたんぽぽが仲間を増やすために「ちえ」をもっていることから興味を広げ、科学的な本を手に取る機会とします。ほかの植物の仲間を増やすための「ちえ」を見つけるべく、本文を読むことで学んだ様子と理由の関係に着目する力を生かして読書します。

1 目標

　ほかの植物について書かれた本を読み、仲間を増やすための「ちえ」を見つけることができる。

2 授業展開

種について書かれた本の読み聞かせを聞く
①ほかの植物は、仲間を増やすための「ちえ」をもっていましたか。
- オオオナモミは、人や動物の服や毛にくっつく工夫をしていた。
- カラスノエンドウは、種が遠くに飛ぶように、種の形にちえがあった。

ほかの植物にも「ちえ」があることに気づかせ、科学的な本で調べる意欲づけをする。

図鑑や科学的な本で調べる
②ほかの植物について、図書館で調べてみましょう。
〈ほかの植物の例〉
- オオオナモミ
- カラスノエンドウ　など

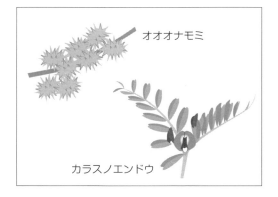

- モミジ
- スミレ
- ドングリ

調べた植物のメモをする
③植物の「ちえ」を見つけて、ワークシートに書きましょう。

3 本時の評価

　関連する本に興味をもち、調べたり考えたりできているか見とるため、ワークシートを用意し、書かせます。
○**主体的に学習に取り組む態度**
　ほかの植物に興味をもち、本を探して植物の様子やその理由、「ちえ」を見つけようとしているか。

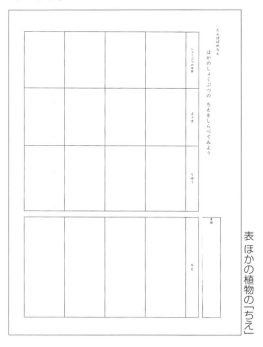

2年 たんぽぽのちえ

考えの形成 ② 調べた植物の「ちえ」を
カードにまとめよう

　前時に調べたことを、9時間目は「○○のちえカード」としてまとめます。自らカードにまとめる活動を通して、植物の知恵や様子と理由の関係を理解することができます。「たんぽぽのちえ」を通して学んだ情報と情報との関係を理解し、表現する力の発揮の場となります。

1 目標

　調べてわかったことを整理し、カードにまとめることができる。

調べたことをカードにまとめる

2 授業展開

「ちえカード」の作り方を知る

①ほかの植物の「ちえ」がわかるカードを作ります。何を書けばわかりやすいですか。

・植物の名前
・どんな様子か
・どんな理由があるか
・どんなちえか
・図や絵

　「たんぽぽのちえ」を読んだ経験と、図鑑や科学的な本を読んだ経験から、カードに必要な情報を考えさせます。

「ちえカード」を書く
〈「ちえカード」の構成〉

表面
・植物名
・どんな様子か
・図や絵

裏面
・そのような様子をしている理由
・ちえ
・図や絵

「ちえカード」の構成

3 本時の評価

　調べた植物の「ちえ」や様子と理由の関係を理解できているか、カードを作らせることで見とります。
○思考・判断・表現
　調べた情報を整理し、カードにまとめることができたか。

共有 ① 「ちえカード」を読み合って、学習のまとめをしよう

　10時間目では「○○のちえカード」を読み合い、共有を図ります。いろいろな友だちのカードを読み合う中では、自分の調べたのと違う植物について知ることになったり、同じ植物でも違う言葉で表現がされていることに気づいたりするでしょう。最後にまとめとして学習感想を書き、共有します。

1 目標

　友だちと「ちえカード」を読み合ってわかったことや考えたことを共有し、学習感想をもつことができる。

2 授業展開

「ちえカード」を読み合う

①班で「ちえカード」を読み合いましょう。

- その植物のなかまの増やしかたもおもしろい。
- 私と同じ植物を選んでいるけれど、カードにしたちえが違う。

　カードの共有はクラスの実態に応じて2人組で行う、班（3～4人）でカードを回して読み合う、班でミニ発表会のような形態をとる、などが考えられます。それぞれが調べたことを共有することで、考えが広がります。

　全体でも共有することで、より考えが広がります。表面だけを発表させたあとに、どんな「ちえ」か予想させて、簡単なクイズのように発表させることもできます。

全体に共有、発表する

まとめの学習感想を書く

③「たんぽぽのちえ」の学習を通して、わかったことや、感想を書きましょう。

- たんぽぽのちえは、仲間を増やすための工夫だったことがわかった。
- たんぽぽやほかの植物の様子には、全部そのようにしている理由があった。
- 友だちの「ちえカード」がおもしろかった。

2人組で読み合う

全体で「ちえカード」の発表をする

②みんなにカードを紹介してくれる人はいますか。班の中でおもしろかったカードがあれば、みんなにも発表してください。

3 本時の評価

　わかったことや考えたことを共有し、自分の考えをもつことができたか、学習感想を書かせて確かめます。

○思考・判断・表現

　「ちえカード」を読み合い、自分の考えをもつことができたか。

ワークシートと子どもの作品例

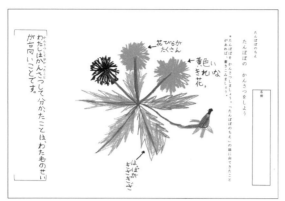

観察ワークシート

「たんぽぽのちえ」をまとめた表　　　　ほかの植物の「ちえ」を調べた表

オナモミの「ちえ」カード（表）　（裏）

スミレの「ちえ」カード（表）　（裏）

3年 すがたをかえる大豆 (光村図書)

段落の関係や中心文に注意して読み、説明の工夫を見つけよう

[伊東有希]

単元目標

段落相互の関係に着目して文章全体の内容や構造を把握したり、段落の中心となる語や文を見つけたりして、文章の内容や筆者の説明のしかたについての考えをもつことができる。

知識及び技能
- 主語と述語との関係、修飾と被修飾との関係、指示する語句と接続する語句の役割、**段落の役割**について理解することができる。

思考力、判断力、表現力等
- 段落相互の関係に着目しながら、**考えとそれを支える事例との関係**などについて、叙述を基に捉えることができる。
- 目的を意識して、中心となる語や文を見つけて要約することができる。

学びに向かう力、人間性等
- 筆者の考えやそれを支える事例など段落相互の関係に着目して、文章の内容や説明のしかたについて考えようとする。

　この単元では、「段落相互の関係に着目しながら内容や構造を把握する」「目的を意識して、段落の中心となる語や文を見つける」ことを重点におきながら、文章の内容や筆者の説明のしかたについて考える学習活動を設定しました。単元の前半は、題名や冒頭部を読んで知りたくなったことを観点に文章の内容や構造を読み取ったり、段落の中心語や文を見つけたりします。後半からは、事例の順序性を捉え、筆者の説明のしかたについて考えます。

1 「すがたをかえる大豆」で育てたい資質・能力

　知識及び技能としては、「指示する語句と接続する語句の役割、段落の役割」について理解することがポイントです。「中」で使われている「いちばん分かりやすいのは」「次に」「また」「さらに」「これらのほかに」といった、つなぎ言葉に着目することで、説明の順序を捉えることができるという理解を図ります。また、文章全体を既習の「始め－中－終わり」に分けて、それぞれの意味段落の役割を理解することができるようにします。

　思考力、判断力、表現力等としては、文章全体を「始め－中－終わり」に分け、各段落の関係を考えることで、大体の内容と構造を把握できるようにします。また、「中」の各段落に共通する言葉を見つけたり、「始め」や「終わり」と関係づけたりして、段落の中心となる語や文を見つけることができるようにします。

　学びに向かう力、人間性等としては、題名や冒頭部を読んで知りたくなったことを出し合い、内容に興味をもって読むことができるようにします。そして、単元を通して読み取ったことや筆者が伝えたいことと結びつけて、筆者の説明のしかたについての考えをもとうとする学びに向かう力の育成をめざします。

2 資質・能力を育てる言語活動の工夫

①ポイント

　説明文を読む楽しさを味わいながら、資質・能力が育まれるよう、子どもの思考の流れに

即した展開にすることがポイントです。単元の前半では、題名や冒頭部を読んで知りたくなったことを観点に内容を読み取る活動を中心に行います。後半では、「中」の段落の述べ方や、事例の順序性に着目し、筆者の説明の工夫について考えることを中心に行います。

②ゴールとなる活動・説明の工夫をまとめる

筆者の説明の工夫について、筆者が伝えたいことと結びつけて考えをまとめることが学習のゴールです。単元を通して考えてきた事例の順序性や各段落の中心文などの理解を基に、筆者の説明のしかたを評価します。

ただし、子どもの意識としては、本単元の中盤からは、次単元の「書くこと」の学習で行う「すがたをかえる食べ物図鑑づくり」へと向かうようにします。教材文の題名や冒頭部を読んで疑問を出し合ったり読み進めたりする中で、「ほかにも姿を変える食べ物はあるはず」という問いが生じたところで「書くこと」のゴールを提示します。それにより、教材文を初めから「書くための資料として読む」のではなく、題名や冒頭部の筆者の言葉に導かれながら、問いをもったり驚きを感じたりして読み進めるなど、説明文を読むこと自体の楽しさを味わうことができるようにします。

③教材研究

これまで読んできた説明文にあった「問いの文」がありません。ただし、「始め」に当たる第2段落の最後の1文や、「中」の各段落に共通する言葉を捉えることで、文章全体の話題を把握することができます。

「中」の事例は、各段落の1文目にあるつなぎ言葉や文量、添付された写真を比べることで、その順序性を捉えることができます。

一方、筆者がいちばん伝えたいことについては読み取りにくいことが予想されます。そのことを生かし、食べ物図鑑づくりに向けて、筆者の説明のしかたで取り入れたいことと、自分なりに工夫したいところをそれぞれ考えさせることができます。

3 主体的・対話的で深い学びの実現に向けて

○**主体的な学び**

まずは、題名や冒頭部を読んで知りたくなったことを手がかりに内容を把握することから始め、問いが解決したところで筆者の述べ方の工夫へと徐々に問題意識を変化させていくようにします。

○**対話的な学び**

感想や疑問を出し合う中で読みの観点を明確にしたり、事例の順序や筆者が伝えたいことに対する考えを聞き合って違いに気づいたりするなど、友だちの考えに触発されながら自分の読みを更新していけるようにします。

○**深い学び**

「中」の各段落の構造や文量、写真を比較して順序性を捉えたり、「始め」にある言葉と関係づけて中心文を見つけたりするなど、複数の叙述を結びつけることで課題が解決できたという実感がもてるようにします。

4 資質・能力を評価する手立て

○**知識・技能**

文章の構成を捉える学習場面で、「始め」「中」「終わり」という言葉を使って、第1・2・8段落の役割について書かせ、理解を見ます。

○**思考・判断・表現**

学習したことを振り返る場面で、ねらいに即した観点やキーワードを提示し、組み合わせて文章化させることで、学習した観点で文章をどう意味づけているかを評価します。

○**主体的に学習に取り組む態度**

単元終盤の発言や記述から、説明の工夫を考えようとする態度が育ったか評価します。

〈単元の授業過程〉

次	時間	学習過程	学習活動	身につける資質・能力
第1次	2時間	（見通し）構造と内容の把握	✿ 題名や第1・2段落を読んで気になったこと、知りたくなったことを出し合い、内容を想像したり文章全体の話題を捉えたりする。 ✿「大豆が姿を変えるもの」に着目して全文を通読し、食品名を読み取る。 ✿ 初発の感想を書く。 ✿ 全体を「始め－中－終わり」に分けて構成を把握する。	● 題名や冒頭部分を読んで内容を想像し、述べられている話題を把握する。（思考・判断・表現） ● 指示する語句と接続する語句の役割、段落の役割について理解する。（知識・技能）
第2次	1時間	精査・解釈①	✿「中」（第3～7段落）の事例が「くふう」でまとめられていることに気づき、問いの文を入れるならどこにどのような文を入れるか考える。 ✿ 第3・4段落の内容を表にまとめる。	●「中」の各段落の中心となる語や文を見つけて内容を捉える。（思考・判断・表現）
第2次	1時間	精査・解釈②	✿ 第5段落を読み、文量や内容、添付されている写真の数や種類等に着目して第3・4段落との違いを考える。 ✿ 第6・7段落の内容を表にまとめる。	●「中」の各段落の中心となる語や文を見つけて内容を捉える。（思考・判断・表現）
第3次	1時間	考えの形成	✿「中」の段落の順序性について、各段落の接続詞や内容、文量等に着目して考える。	●「中」における段落相互の関係について、叙述を基に考える。（思考・判断・表現）
第3次	1時間	共有（振り返り）	✿ 第8段落を中心に、筆者がいちばん伝えたいことを考える。 ✿ 筆者が伝えたいことと関係づけて、筆者の説明のしかたに対する自分の考えをまとめる。	● 筆者の考えやそれを支える事例など段落相互の関係に着目して、文章の内容や説明のしかたについて考えようとする。（主体的に学習に取り組む態度）

3年 すがたをかえる大豆

構造と内容の把握 ① # 何について書かれた文章か読み取ろう

　問いの文がない説明文ですが、題名や冒頭部の１つ１つの文に応答しながら読むことで、読者は興味をもって文章と出会い、話題を把握することができます。１時間目は、このような選書的な活動を通して気になったことを観点に通読し、内容の把握をめざします。

1 目標

　題名や冒頭部を読んで気になったことを観点に通読し、内容を捉えることができる。

2 授業展開

題名や冒頭部を読み、知りたいことを考える

①題名と筆者名をノートに書きましょう。題名を見て、気になったことはありますか。
　・大豆は何に姿を変えるのかな。
　・いくつくらいに姿を変えるのかな。
　・どうして姿を変えるのだろう。
　・姿を変えるのは大豆だけなのかな。

　まず題名だけを見て、予想や疑問を交流することで、内容への関心を高め、興味をもって文章と出会えるようにします。

②「すがたをかえる大豆」は、筆者の国分さんが３年生のみなさんに伝えたいことがあって書いたものです。今から先生が始めの段落を音読します。先生が１文読むごとに、「知っているよ」「知らなかった」「そうなんだ」などというように、国分さんに返事をつぶやいてみましょう。
　・「わたしたちの毎日の食事には、肉・やさいなど……」→　そうそう。
　・「大豆は、いろいろな食品にすがたをかえていることが多いので気づかれないのです」→　知らなかった。

③第１段落を読んでみて、知りたくなったことはありますか。
　・本当に大豆が毎日口に入っているのか。
　・「いろいろな食品」って何があるのかな。

　題名読みと合わせて「何に」「いくつ」「どのように」「どうして」といった疑問が出されるでしょう。これらを観点に以降の文章を読むことで、自らの興味に基づいて内容を把握することができます。

④何にいくつ姿を変えるのか気になりますね。第２段落から先も読んで、食品名が出てきたら、印をつけて数えてみましょう。

　一人読みで食品名に印をつけるところまでを行い、次時に確認することを伝えます。

⑤読んで驚いたことや初めて知ったこと、もっと知りたくなったことなど、出会いの感想文をノートに書きましょう。

　説明文を読むことの楽しさの１つは、これまで知らなかった事実や考え方に出会うことで、自分の知識や考え方を広げることができることです。特に初読の段階では、筆者の述べ方の工夫に対してよりも、内容面に対する思いや問いが生まれるでしょう。そこで、子どもの思考の流れに即した観点を例示し、内容の把握へと意識を向けるようにします。

3 本時の評価

　冒頭部の話題提示を受けて生まれた問いに基づいて内容が読み取れたかを見るため、具体的な食品名に漏れなく印がついているか確認したり、ノートの感想を見とったりします。
○思考・判断・表現
　冒頭部の話題提示を受けて知りたくなったことに基づいて、大体の内容を把握できたか。

第２章　資質・能力を育てる「説明的な文章」の授業　55

構造と内容の把握 2

「始め－中－終わり」に分けて内容を読み取ろう

2時間目は、文章全体の構成を考え、内容を把握することをねらいます。前時に読み取った食品名の発表から、「何にいくつ姿を変えるのか」という疑問が解決したところで、既習の「問いと答え」「始め－中－終わり」という観点を使って文章全体の構成を把握していきます。

1 目標

段落の役割を理解して、文章全体を「始め－中－終わり」に分けることができる。

2 授業展開

文章全体の組み立てを考える

①大豆は何に姿を変えるのか気になっていましたね。どんな食べ物がどこに書かれていたか、発表しましょう。

・第4段落に「きなこ」が書いてある。
・第7段落には「えだ豆」と「もやし」がある。

前時に印をつけた食品名を発表し合い、「何に姿を変えるのか」という問いの解決を図ります。その際、黒板に貼られた教材文の食品名の部分に線を引いたり、模造紙にも同じ色のペンで食品名と段落番号を書いたりして、全体の構造と内容を整理します。

②大豆はいくつの食べ物に姿を変えたのでしょうか。それぞれの段落に書かれている食べ物の数を数えてみましょう。

・第3段落には3つあるね。でも「黒豆」も「に豆の一つ」とあるから2つかな。
・第4・5段落は1つだけど、第6段落は3つ、第7段落は2つだ。
・全部で9個か10個書かれているね。
・段落の数は5つだよ。1つの段落に1つの食べ物というわけではないんだ。

食品数を数えて「いくつに姿を変えるのか」という問いの解決を図ります。その際、段落の数と比べることで、食品ごとに段落が分けられているのではないことに気づかせます。

③この5つの段落を読めば大豆が何に姿を変えるのかがわかりますね。では、ほかの段落はいらないのではないでしょうか。第1・2・8段落は何のためにあるのでしょうか。

・いきなり食べ物だけ説明されても、何を伝えたいのかわからないから必要だよ。
・第1・2段落は「これから説明することはこういうことですよ」ということを伝える役目、第8段落は「まとめ」の役目。
・第1・2段落が「始め」で、第3～7段落が「中」、第8段落が「終わり」なんだよ。

第1・2・8段落の役割を考え、文章を「始め－中－終わり」の構成で捉え直します。

④今までの説明文の「始め」には「問いの文」がありましたが、第1段落と第2段落には「問いの文」がありますか。

・「なんだか分かりますか」がそうかな。
・でも、答えが「それは大豆です」だけしかないから違う気がする。

次時に、「この文章に問いの文を入れるとしたら、どのような文にするとよいか」を考えることを伝えて授業を終えます。

3 本時の評価

「始め」「中」「終わり」という言葉を使って第1・2段落と第8段落の役割について書かせ、段落の役割を理解しているかを見ます。

〇知識・技能

段落の役割を理解して、文章全体を「始め－中－終わり」に分けることができたか。

3年 すがたをかえる大豆

精査・解釈① **1 段落の中心語や文を見つけて「問いの文」を作ろう**

　3時間目は、「問いの文」を作る活動を通して、「中」の各段落の中心語や文を見つけることをねらいとします。「中」の各段落が「くふう」でまとめられていることに気づかせ、「問いの文」を作ることができるようにします。

1 目標

　「中」の各段落の中心語や文を見つけて、第3・4段落の内容を捉えることができる。

2 授業展開

「中」の段落をまとめているものを考える

①「問いの文」を入れるとしたら、どのような「問いの文」を入れるとよいですか。
　・題名が「すがたをかえる大豆」だから、「大豆は何にすがたをかえるのでしょうか」はどうかな。
　・「くふう」って言葉がたくさん出てくるけど、「問いの文」に入れなくていいのかな。
　文章全体に関わる「問いの文」を作るには、「中」や「終わり」の内容と結びつけて考える必要があることに気づかせるようにします。

②「問いの文」を考えるには、「中」に書かれていることとつなげる必要がありそうですね。では「中」の段落の「中心の言葉」や「中心の文」は何ですか。第3段落から第7段落を音読しますから、同じところがあったら「同じ」と言ってください。
　・どの段落も「くふう」という言葉がある。
　・「くふう」は、段落の1文目にあるよ。
　・「中」は「くふう」でまとまっているんだ。
　「中」の部分を音読しながら比べて、同じところを指摘させることで、各段落が「くふう」でまとめられていることに気づかせます。その後、各段落の「くふう」の1文に同じ色で線を引かせ、中心文が1文目にあることを視覚的にもわかるようにします。

③「中」の内容を表にして整理してみましょう。表の観点は何にするとよいですか。
　・どの段落にもある「くふう」と「食べ物」がいいよ。
　・「どんなくふうか」と「どんなすがたにかわるか」がいいんじゃないかな。
　・「作り方」を入れてもいいかも。
　「中」の段落を表にして、内容を整理します。その際、表の観点を考えさせることで、「中」の段落の共通点と相違点を捉えることができるようにします。

④第3段落と第4段落を表に整理しましょう。
　ノートに作った表に、第3段落と第4段落の内容を書き入れ整理します。その際、教材文にも「くふう」「食品名」「作り方」の部分に色別に線を引かせ、段落内の構造を視覚的に把握できるようにします。

⑤「問いの文」を作りましょう。
　・「どのようにくふうして、何にすがたをかえるのでしょうか」はどうかな。
　読み取った「中」の内容をふまえて、「問いの文」を作り、本時のまとめとします。

3 本時の評価

　ノートの表や「問いの文」の内容を見て、段落の中心語や中心文を捉えることができたかを評価します。

○思考・判断・表現
　「中」の各段落の中心語や文を見つけて、第3・4段落の内容を捉えることができたか。

| 精査・解釈② | **❶ 文の量や写真の数が違っている理由を考えよう**

　4時間目は、前時に引き続き「中」の残りの段落（第5〜7段落）の内容を表にまとめていきます。特に、段落の文量や添付されている写真の数を比較して違いを見いだしたり、その理由を考えたりすることで、筆者の述べ方の工夫に意識を向けていくことができるようにします。

1 目標

　文量や写真の数等に着目して、「中」の述べ方の工夫について考えることができる。

2 授業展開

第5〜7段落の内容を表にまとめる

①前の時間と同じように、第5段落の内容を表に整理しましょう。
　・前の時間にまとめた第3段落や第4段落より難しい気がする。どうしてだろう。
　・「作り方」の説明が多いから、まとめにくいんだ。

　第5段落を表に整理するように投げかけると、第3・4段落に比べて難しさを感じる子どもが出てきます。その姿を捉えてその理由を問うことで、第5段落では作り方の説明部分が多くなっていることに気づかせます。

②「作り方」の説明が多いという気づきがありました。写真はどうですか。第5段落の写真と第3・4段落の写真とを比べて違うところはありますか。
　・第5段落は写真が3つある。
　・第3・4段落は食べ物の写真しかないけど、第5段落は作り方の写真もある。

　文量に加えて、添付された写真の数や種類の違いにも目を向けさせることで、「なぜ違うのか」という問いが生まれるようにします。

③どうして、第5段落は文の量や写真の数が多いのですか。
　・「とうふ」の作り方の方が細かいし、作るのに時間がかかるからだよ。
　・大豆がどう変わるかわかりにくいから。

　文量や写真の数の違いの理由について、作り方の複雑さや元の形からの変化の大きさ等と関係づけて捉えさせます。

④第6・7段落も表にまとめましょう。
　・第6段落も「作り方」の説明が多いな。
　・第7段落は、短いからまとめやすいよ。

　第5段落で文量の違いや理由を検討したため、第6・7段落を表に整理する際にも「説明の文量」という観点から文章を捉え直そうとする子どもが出てきます。そこを見逃さず価値づけるようにします。

⑤「文の量」「写真」「作り方」「国分さんのくふう」などの言葉を使って、学習の振り返りをノートにまとめましょう。
　・第5・6段落は「作り方」が多くて第5段落は写真も多かった。作り方に時間がかかったり、大豆の形からどうやって変わるのか説明がないとわかりにくかったりするから、国分さんのくふうだと思う。

　キーワードを示し、文量や写真の違い、その理由について、考えをまとめさせます。

3 本時の評価

　表やノートの振り返りから、「中」の段落の説明のしかたの違いを捉え、その理由について考えることができたか評価します。
○思考・判断・表現
　文の量や写真の数等に着目して、「中」の述べ方の工夫について考えることができたか。

3年 すがたをかえる大豆

考えの形成 **① 「中」の段落の順序は かえてもよいか考えよう**

5時間目は、「中」で説明されている事例の順序性について考えることをねらいます。前時までに読み取ったことを基にしながら、1文目の接続詞等を比較することで、事例の順序に表れる筆者の述べ方の工夫について自分の考えをまとめることができるようにします。

1 目標

事例の順序という観点から、「中」の段落相互の関係について考えることができる。

2 授業展開

「中」の事例の順序について考える

①前の時間までに「中」の段落を表にまとめましたね。ここに写真があります。国分さんが説明している順に並べてみましょう。
　・「豆まきに使う豆」「に豆」→「きなこ」→「とうふ」→「なっとう」……

写真を並べ替える活動を通して、文章中の事例の順序を確認します。

②このような順序でしたね。ところで、先生は「もやし」が好きなのですが、この文章と反対の順序で説明してもよいですか。
　・「いちばん分かりやすいのは」とあって、わかりやすい順になっているからだめ。
　・「分かりやすいのは」じゃなくて、「わたしが好きなのは」なら、ありだと思う。

反対の順序で説明してもよいか問うことで、筆者が「分かりやすい」順で並べていることに気づかせます。また、別の観点であれば並べることができるという発想は、書き手の意図によって順序は変わり得るという気づきにつながるため、価値づけるようにします。

③本当にわかりやすい順になっているか、劇をしながら音読して確かめてみましょう。
　・第3段落は「大豆」役と「いったり、にたり」する人役だけでできたけど、第6段落は「ナットウキン」役や「コウジカビ」役、「しお」役と、たくさんの役が必要だったよ。
　・「一年の間おいておく」とあったし、やっぱりわかりやすい順になっているんだ。

事例の段落を劇をしながら音読することで、簡単な工程から複雑な工程という順序で並んでいることを実感できるようにします。

④なるほど。でも、第7段落の「えだ豆」も豆の形でわかりやすいし、劇の役も少なかったはずです。どうして「えだ豆」と「もやし」は最後なのですか。
　・「これらのほかに」とあるから、第7段落だけ「分かりやすい」順じゃないんだよ。
　・ほかは「おいしく食べるくふう」なのに、第7段落は「とり入れる時期や育て方をくふう」とあるから、最後なんだよ。

「えだ豆」を取り上げて問い返すことで、第7段落だけ異なる観点で置かれた事例であることを捉えることができるようにします。

⑤「おいしく食べるくふう」でないなら、第7段落はいらないのではないですか。自分の考えをノートに書きましょう。

本時のまとめとして、第7段落の必要性について、自分の考えをノートに書かせます。

3 本時の評価

他の段落との違いをふまえ、根拠をもって考えているか、ノートの記述から評価します。
○思考・判断・表現
　事例の順序という観点から、「中」の段落相互の関係について考えることができたか。

第2章 資質・能力を育てる「説明的な文章」の授業

| 共　有 | ① | 筆者が伝えたかったことと説明のしかたについて考えよう |

6時間目は、これまで学習してきたことを基に、筆者の説明のしかたについて自分の考えをまとめることをねらいとします。筆者が伝えたいことと結びつけながら、事例の順序や段落の中心語・文、題名との関わりなどを観点に考えをまとめていきます。

1 目標

筆者が伝えたいことと関係づけて、筆者の説明のしかたについて考えをもとうとする。

2 授業展開

筆者が伝えたかったことについて考える

①前の時間に書いた「第7段落はなくてもよいのか」について、考えを発表しましょう。
- あっていい。題名に合うし、例は多い方がそのことが伝わると思うから。
- いらない。ほかの例は「始め」の「おいしく食べるくふう」と全部合っているけど、第7段落だけ「始め」と合わないから。
- あった方がいい。国分さんは大豆のすごさを知ってほしくて書いたと思うから。

前時に書いた考えを聞き合う中で、「筆者が伝えたいことが、より伝わるかどうか」が判断基準になることを確認します。

②筆者の国分さんが伝えたいことと合っているかどうかが大事ということですね。では、筆者の国分さんがいちばん伝えたかったこととは何ですか。先生が「終わり」の第8段落を音読するので、いちばん伝えたいことだと思う文のところで手をあげましょう。
- 4文目だと思う。おどろいているし、「くふう」も「ちえ」だから。
- 1文目だと思う。題名に合っているから。
- 2文目だと思う。「くふう」という言葉がいちばん多く出てきたから。

おおよそ3つに意見が分かれます。第8段落の各文の接続関係や文末表現などに着目して、「いろいろなすがた」「くふう」「ちえ」の関係を考えることで、筆者がいちばん伝えたかったことを捉えることができるようにします。

③「昔の人々のちえにおどろかされます」という考えについて、みなさんはどう思いますか。また、説明のしかたはどうですか。10点満点で点数をつけて、その理由を「題名」「じゅんじょ」「中心の言葉や文」などの言葉を使って書いてみましょう。

筆者の考えや説明のしかたについて、順序や題名、中心語・文などを観点に評価させます。

④違いは何か考えながら聞き合いましょう。
- 説明のしかたは8点。例の順序や、「中」の1文目が同じ中心の言葉でまとめられているのは読みやすかった。でも、「ちえ」という言葉は題名にないし1回しか出てこないから8点。

違いに着目して聞き合い、筆者の伝えたいことと説明のしかたについての考えを広げます。

⑤単元の学習を振り返ってまとめましょう。

「説明のしかたについて」「自分が使いたい工夫」等の観点で単元の学習を振り返ります。

3 本時の評価

話し合い中の発言やノートに書かれた記述内容を見て、筆者の伝えたいことや説明のしかたについて考えようとしていたか評価します。

○主体的に学習に取り組む態度

筆者が伝えたいことと関係づけて、筆者の説明のしかたについて考えようとしていたか。

3年 すがたをかえる大豆

子どものノート例と板書例

第4時の子どものノート

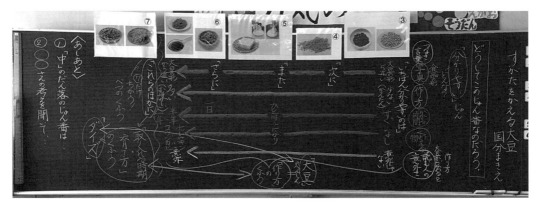

第5時の板書

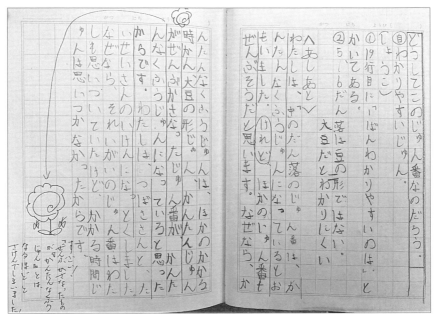

第5時の子どものノート

4年 アップとルーズで伝える （光村図書）

「お気に入りの場所」をわかりやすく伝えよう　　　［廣瀬修也］

単元目標

知識及び技能
- 指示する語句や接続する語句の役割、段落の役割について理解することができる。
- 比較のしかた、必要な語句などの書き留め方を意識して紹介文を書くことができる。

思考力、判断力、表現力等
- 段落相互の関係に着目しながら、アップとルーズを**比較した説明**を捉えることができる。
- 伝えたいことを明確にし、内容のまとまりで段落をつくったり、段落相互の関係に注意したりして、文章の構成を考え、表現することができる。

学びに向かう力、人間性等
- 2つの項目を対比的に説明する文章の効果を考えようとする。
- 伝えるための表現方法を知ることによって、よりわかりやすく表現しようとする。

　この単元では、新しく「段落の役割について理解できる」「段落相互の関係などに注意して、工夫をしながら書くことができる」ことに重点をおきます。4年生では、段落の役割や段落相互の関係を捉えて読んだり書いたりすることが重要です。アップとルーズを比較した段落構成は、捉えやすく、また自分が説明文を書く際にも使える表現技法と言えます。本文で段落構成について学び、それらを応用して、紹介文を書く言語活動を設定しました。

1 「アップとルーズで伝える」で育てたい資質・能力

　知識及び技能としては、段落の役割について理解することがポイントです。アップとルーズの映像技法について、各段落ごとに分けられて説明していることで、それぞれの特徴がわかりやすいことを捉えます。

　また、自分が説明文を書く際に2つの事柄を比較して表すことによって、より読み手に伝わりやすい表現ができる技能も育てます。

　思考力、判断力、表現力等としては、段落相互の関係に着目し、アップとルーズが比較されていることによって、それぞれのよさがよりわかりやすく表現されていることに気づくことをねらいます。また、自分が書いた説明文を友だち同士で見合いながら、効果的な文章の表し方ができるようにします。

　学びに向かう力、人間性等としては、伝えたいことを説明文の形で表すことで、自分のものの見方や考え方を広げたり深めたりしようとすることに意欲をもてるようにします。また、説明文を見せ合う活動を通して、友だちの表現のよさに気づき、交流する楽しさを実感できるようにします。

2 資質・能力を育てる言語活動の工夫

①ポイント

　アップとルーズという2つの映像技法を比較しながら説明している文章構成に着目し、そのよさを知ることがまずポイントです。そのうえで、自分が説明文を書くときに、2つの事柄を比較して説明する表現方法を生かせるようにします。読み手に伝えたいことがよ

りよく伝わることに意識を向けられるようにします。

②ゴールとなる活動・「お気に入りの場所」紹介

「アップとルーズで伝える」から2つの事柄を比較しながら説明する表現方法を学びます。その後、自分の「お気に入りの場所」について調べ、お気に入りの理由等も含めてリーフレットの形にしてまとめていきます。友だちからのコメントも載せられるようにします。

③教材研究

「アップとルーズで伝える」は、身近なメディアであるテレビの映像技法を中心に説明している教材です。サッカーの試合の様子を、広い範囲を映す撮り方（ルーズ）と、ある部分を大きく映す撮り方（アップ）という2つの映像技法が説明されています。それぞれの表現によって、どんな様子を伝えることができるのかを対比しながら説明しており、内容を把握しやすい構成になっています。

アップとルーズ、それぞれの長所が書かれており、子どもが自分で説明文を書く際にも活用しやすい文章構成を学ぶことができる教材です。

3 主体的・対話的で深い学びの実現に向けて

○主体的な学び

「読む」活動と「書く」活動が連動するように、教材を読んでいる段階から、自分が文章を書くときにも、同じような表現で書くことはできないだろうかと意識して読解できるようにします。書く時の表現方法を知ることで、単元の冒頭から、「読むこと」と「書くこと」両方の意欲がもてるようにします。

○対話的な学び

単元の後半で、「お気に入りの場所」について説明文を書きます。互いの文章を読み合って、よいところやアドバイスしたいことについて意見交流をします。友だちと説明文を読み合うことで、ものの見方や考え方を広げたり深めたりできるようにします。

○深い学び

説明文は書かれている内容を把握して終わりではなく、自分が文章を書く際に参考にできることを知ることや、友だちの表現に学ぶことで、自分の文章表現をよりよくしていくことを実感することがポイントです。

4 資質・能力を評価する手立て

○知識・技能

各段落で述べられている内容を捉えているかどうか、特に「アップ」と「ルーズ」というキーワードを捉え、その意味を把握できているかどうかをワークシートで確かめます。

○思考・判断・表現

「アップ」と「ルーズ」の説明が対比的になされていることで、その特徴がわかりやすく表現されていることに気づけたかどうかを発言やノート、ワークシートから見とります。

また、「アップとルーズで伝える」から学んだ表現技法を、自分で活用できているかどうかを、子どもが書いた説明文から確かめます。

○主体的に学習に取り組む態度

「アップとルーズで伝える」を読解する段階で、わかりやすい文章構成で表すことのよさに気づいているかを見とります。また、説明文を書く際に、対比的な表現を使っているかどうかを見とります。

友だちと説明文を見せ合う活動での様子から、お互いに読み合うことで、友だちの表現のよさに気づいたり、自分の表現を見直そうとしているかを確かめます。

〈単元の授業過程〉

次	時間	学習過程	学習活動	身につける資質・能力
第1次	1時間	（見通し）構造と内容の把握	❀全文を読み、書かれている内容の大体を確かめる。 ❀本文を形式段落に分ける。	●文と写真による説明、アップとルーズを対比的に説明しているといった特徴があることに興味をもつ。（主体的に学習に取り組む態度）
第2次	3時間	精査・解釈	❀第1・2段落に書かれている内容を、写真と照らし合わせながら読む。第1・2段落と第3段落の関係を捉える。 ❀第4・5段落に書かれている内容を、写真と照らし合わせながら読む。第4・5段落と第6段落の関係を捉える。 ❀第7・8段落が、この説明文の中でどのような役割を果たしているのかを考える。	●各段落が説明している内容を、文と写真から捉える。（知識・技能） ●段落相互の関係に着目しながら、考えとそれを支える事例との関係などについて、叙述を基に捉える。（思考・判断・表現）
第3次	3時間	考えの形成	❀「アップとルーズで伝える」で学んだ表現技法を使い、自分の「お気に入りの場所」を紹介する見通しをもつ。 ❀「お気に入りの場所」について取材をする。 ❀取材した内容を絵や文章でまとめる。	●「お気に入りの場所」について調べたことを、アップとルーズの両面から取材をし、伝えたいことを明確にする。（思考・判断・表現） ●「お気に入りの場所」について、段落相互の関係に注意して、文章構成を工夫する。（思考・判断・表現）
第3次	1時間	共有（振り返り）	❀まとめたものを、クラスの中で見せ合う。 ❀学習の振り返りをする。	●友だちの紹介文を読んで、感じたことや考えたことを共有し、お互いの文章表現のよさに気づくこと。（思考・判断・表現）

説明文の内容を読み取ろう

構造と内容の把握 ①

4年 アップとルーズで伝える

　まずは、全文を読んで内容の大体を確認します。題名にあるアップとルーズとはいったい何なのかを確認します。また、新聞やテレビでアップやルーズといった映像技法を見たことがあるか、自分の生活経験を振り返ることで、表現のしかたについての興味をもてるようにします。

1 目標

　全文を読んで、書かれている内容の大体をつかむことができる。

2 授業展開

アップとルーズについて考える

①題名にもあるアップとルーズとはどういうことをいいますか。
- アップは、近くから撮ること。
- ルーズは、遠くから撮ること。

　本文のキーワードである「アップ」と「ルーズ」について、まずはおさえます。

②この説明文には、どうして写真が載っているのですか。
- 写真があるとわかりやすいから。
- アップとルーズ両方の写真が並べて載っているから、読んだ人が、2つの特徴についてよくわかるために。

　説明文によって特徴が異なります。これまでに学んだ問いの文・答えの文による構成だけでなく、写真と文を対応させている説明文もあることをここでおさえます。

③この説明文は、読み手がわかりやすく読めるように、どんな工夫がされていますか。ノートに書きましょう。
- 文と写真で説明されている。
- アップとルーズ、それぞれの伝えられることや伝えられないことの両方が書いてあるから、2つを比べて考えられる。

　この説明文の大きな特徴である「アップとルーズの対比」を捉えます。

④アップとルーズで表された写真や映像を、これまでに見たことがありますか。それを見てどう感じましたか。
- ニュースで見た。野球の試合だったんだけど、最初はバッターの姿がアップで映って、打ったあとはルーズになっていた。

　単元の後半に行う「お気に入りの場所紹介」に向けて、生活経験を振り返ります。自分が説明するときにも、2つの映像技法が使えるのではないかと、意欲をもてるようにします。

3 本時の評価

　この説明文の特徴である2つの映像技法の対比を捉えているかを見るために、ノートに書かせます。

○思考・判断・表現

　アップとルーズ、それぞれの長所と短所を捉え、2つの技法が対比されていることを理解できたか。

アップとルーズの対比を書く

|精査・解釈| **① 第1・2段落と第3段落を読み取ろう**

　第1段落は、サッカーの試合会場全体を映しています（ルーズ）。第2段落は、コートの中央にいる選手を映しています（アップ）。第3段落は、第1・2段落に書かれた内容をまとめています。それぞれの段落の内容、段落同士の関係を捉えられることが本時のねらいです。

1 目標

　第1～3段落の内容、段落同士の関係をつかむことができる。

2 授業展開

第1～3段落の内容を読み取る

①第1段落には、誰のどんな様子が書かれていますか。また、2枚の写真のうち、どちらの様子を説明していますか。
　・選手が、コート全体に広がっていること。
　・応援するチームのチームカラーの洋服を着た観客のこと。
　・右側の写真のことを説明している。
「文と写真が対応している」ことをおさえます。

②第2段落には、誰のどんな様子が書かれていますか。また、2枚の写真のうち、どちらの様子を説明していますか。
　・コートの中央に立っている選手のこと。
　・ボールを蹴る選手の様子。
　・左側の写真のことを説明している。
　第1・2段落が対比的に書かれていることを確認します。

③第1段落と第2段落を比べて気がついたことはありますか。
　・第2段落は、映したい人に近づいた映像になっている。
　・第1段落は遠くから見た映像のことを説明している。
　・第1段落では選手の様子がよくわからないけど、第2段落だとよくわかる。
　・第2段落の説明では、2人の選手のことしかわからない。
　段落相互の関係を捉えられるように、2つの段落を比べて、気がついたことを書きます。

④第3段落では、アップとルーズについて説明されています。それぞれの意味をワークシートに書きましょう。
　・ルーズとは、広いはんいをうつすとり方のこと。
　・アップとは、ある部分を大きくうつすとり方のこと。
　キーワードであるアップとルーズの意味を書くことでしっかりと捉えます。

3 本時の評価

　第1・2段落の内容・文と写真が対応していることを捉えているか、第1・2段落と第3段落の関係を捉えているかを見るため、ワークシートを用意し、書かせます。
○思考・判断・表現
　第1～3段落の相互関係を捉えられたか。文と写真が対応していることに気がついたか。

アップとルーズで伝える①

精査・解釈 ② 第4・5段落と第6段落を読み取ろう

4年 アップとルーズで伝える

第4・5段落では、選手の様子だけではなく、アップとルーズの短所についても述べられています。第6段落では、アップとルーズを使い分けるテレビのことが説明されています。ここでも、段落の内容、段落同士の関係を捉えられることがねらいです。

1 目標

第4～6段落の内容、段落同士の関係をつかむことができる。

2 授業展開

第4～6段落の内容を読み取る

① 第4段落には、どんな様子が書かれていますか。
 ・ゴール直後のシーン。
 ・ユニホームのこと。
 ・選手が口を大きく開けて、全身で喜びを表している様子。
アップで映された映像によって、選手の様子が詳しくわかることを読み取ります。

② 第5段落には、どんな様子が書かれていますか。
 ・勝ったチームの応援席。
 ・旗、たれまく、立ち上がっている観客。
 ・選手と観客が一体となって喜んでいる。
ルーズで映された映像によって、観客席の様子が詳しくわかることを読み取ります。

③ アップとルーズ、それぞれの撮り方をすると、何が詳しくわかり、何がわからないのかを考えましょう。
 ・アップでは、細かい部分の様子がよくわかるけど、うつっていない多くの部分のことはわからない。
 ・ルーズでは、広いはんいのことはわかるけど、細かいところはわからない。
アップとルーズを対比的に説明することで、それぞれの長所と短所が読み取りやすくなっていることに気づかせます。

④ 第6段落に書かれている内容を、ワークシートにまとめましょう。
 ・アップとルーズには、それぞれ伝えられることと伝えられないことがある。
 ・テレビでは、目的におうじてアップとルーズを切りかえて放送をしている。

⑤ 第4・5・6段落、それぞれの関係はどのようになっていますか。
 ・第6段落の始めに、「このように」とあるから、前の段落のことをまとめている。

3 本時の評価

第4・5段落では、アップとルーズのさらに詳しい事例が説明されていることを読み取ります。また、第4・5段落と第6段落の関係を捉えているかどうかを見るため、ワークシートを用意し、書かせます。

○思考・判断・表現
第4～6段落の相互関係を捉えられたか。

アップとルーズで伝える②

精査・解釈 ❸ **第7段落と第8段落の役割を考えよう**

　第7段落と第8段落では、アップとルーズという映像技法がさまざまなメディアで活用されていることについて説明されています。この2つの段落が、説明文の最後にあることによって、どのような効果があるのか、構成全体を俯瞰的に見る視点をもてるようにします。

1 目標

　第7・8段落の内容、文章全体における役割を捉えることができる。

2 授業展開

第7・8段落の内容を読み取り、役割を考える

①第7段落に書かれている内容を、ワークシートにまとめましょう。
- 伝えたい内容に合わせて、アップの写真かルーズの写真かを選んでいる。
- 取材するときは、あとで選べるようにいろいろなとり方をする。

　第6段落までの内容も思い出しながら、第7段落の内容を読み取るようにします。

②第8段落に書かれている内容を、一文を短くしてワークシートにまとめましょう。
- テレビでも新聞でも、受け手が知りたいことは何か、送り手が伝えたいことは何かを考えている。
- これらのことを考えて、アップでとるかルーズでとるかを決める。

　第7段落までの内容をまとめ、日常目にする映像で、アップとルーズという技法がどのように生かされているのかを読み取ります。

③第7段落と第8段落が、この説明文の最後にあることによって、どのような役割を果たしていると思いますか。ワークシートに書きましょう。
- 説明文の最後には、筆者の主張があるはず。だから、第7・8段落がないとおかしくなる。
- 第7段落で新聞のことも説明されているから、アップとルーズはサッカーの試合映像だけで使われるわけじゃないことがわかる。
- 第8段落には、アップとルーズをどんな目的で使い分ければいいのかが書かれている。自分が写真を使って説明するときにも、アップとルーズが使えそう。

　「もし第7・8段落がなかったら」と仮定して考えさせてもいいでしょう。最終段落で、これまでのまとめ、筆者の主張が書かれていることをおさえます。

3 本時の評価

　第7・8段落それぞれで、これまでのまとめがされていることやアップとルーズをどのような目的で使い分けるのかを読み取ります。

○思考・判断・表現
　第7・8段落の説明文における役割を考えることができたか。

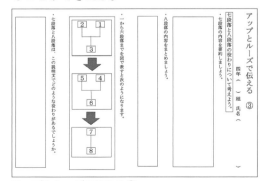

アップとルーズで伝える③

4年 アップとルーズで伝える

考えの形成　❶ お気に入りの場所について調べよう

「アップとルーズで伝える」で学んだアップとルーズという映像技法を使って、自分のお気に入りの場所を紹介します。伝えたいことを明確に、アップとルーズ両方の長所を生かした説明文を書けるようにするため、まずはお気に入りの場所について調べます。

1 目標

アップとルーズの長所を生かして、お気に入りの場所を紹介するための材料を集める。

2 授業展開

お気に入りの場所について調べる

①お気に入りの場所をアップとルーズを使って紹介します。自分のお気に入りの場所はどこですか。
・校庭　・教室　・うさぎ小屋
・ビオトープ　・体育館

紹介するものを「お気に入りの場所」とすることで、紹介するための意欲をもたせます。

②お気に入りの場所について、調べに行きます。アップとルーズ、両方から見た説明を考えてきましょう。
・いつも一輪車で遊んでいるピロティについて調べよう。ルーズだと、柱があったり靴箱がある様子がわかるな。一輪車で遊んでいる様子をアップで表そうかな。
・理科室について調べよう。ルーズだと、実験用の机や水道がいくつかある様子がわかるけど、実験で使う道具のことまではわからないな。実験器具のことをアップで説明してみようかな。

「お気に入り」だと思っている場所でも、アップとルーズの視点で改めて見ると、新しい発見があります。また、日常生活で過ごしている場所でも、紹介するためにどのような言葉を使えばいいのかを考える必要があります。

③調べてみて考えたことや思ったことをワークシートに書きましょう。
・体育館には、自分が思っているよりもたくさんの跳び箱があった。
・毎日通っている場所なのに、今まで気がつかなかったことがあることにびっくりした。
・誰かに紹介しようとすると、どういう言葉で説明すればいいのかすぐには思いつかない。

活動のあとには、振り返りをします。振り返ったことを共有し、次時に生かせるようにします。

3 本時の評価

伝えたいことを意識して取材することができたかどうかを見るために、ワークシートに書かせます。

○思考・判断・表現

相手や目的を意識して、紹介文のための材料を集めることができたか。

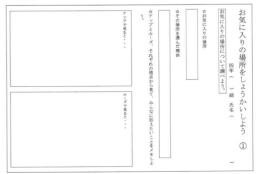

お気に入りの場所をしょうかいしよう①

第2章　資質・能力を育てる「説明的な文章」の授業　69

| 考えの形成 | **② お気に入りの場所紹介文を書こう①（下書き）** |

　前時に調べた内容をもとに、絵や文章を使って紹介文を書きます。まずは、下書きです。「アップとルーズで伝える」で学んだ段落構成や文と写真を対応させる表現などを使って、紹介文を組み立てます。伝えたいことを明確にして、紹介できることをねらいます。

1 目標

　取材した内容をもとに、紹介文を書くことができる。

2 授業展開

お気に入りの場所紹介文の下書きを書く

①お気に入りの場所のアップとルーズの絵を描きましょう。絵が描けたらそれぞれの説明を書きます。

- ・私のお気に入りの場所は、ビオトープです。ルーズで全体を見ると、草や木がいっぱいしげっている様子がわかります。アップで見ると、池にメダカやアメンボ等の生き物がすんでいることがわかります。
- ・ぼくのお気に入りの場所は、教室です。ルーズで見ると、子どもがすわるつくえやいすがたくさんあって、ここで勉強している様子がわかります。教室後ろの掲示板をアップで見ると、「ごんぎつね」の学習をまとめた新聞が掲示されていて、みんながどのようなことを考えたのかがよくわかります。

②アップとルーズの説明が書けたら、自分がなぜその場所を選んだのか、また、アップとルーズで説明してみて感じたよさや困ったことを書きましょう。

- ・いつも遊んでいる場所だから。
- ・自然の中にいると、気持ちが落ち着くから。

- ・アップとルーズで見ることで、今まではあまり気にしていなかったところまで目が行くようになった。
- ・アップで絵を描くために、その場所を細かく観察することができた。
- ・ルーズは全体のことを説明すればいいからすぐにできたけど、どこをアップにするかで迷った。紹介したいところがたくさんあったから。
- ・教科書では、人の様子や表情について説明されていたけど、私は風景のことを紹介しようと思いました。風景の様子を説明するために、どんな言葉を使えばいいのか、ピッタリの言葉を探すのが大変でした。

　紹介文を書くことによって、自分が何を学んだのかを自覚できるように、紹介文のあとに振り返りを書くようにします。

3 本時の評価

　アップとルーズという手法を的確に使うことができているかどうかを、リーフレットから見とります。また、自分たちも紹介文を書くことで、アップとルーズそれぞれのよさをつかめたかどうかを見ます。

○思考・判断・表現

　伝えたいことを明確にして、表現のしかたを工夫することができたか。

4年 アップとルーズで伝える

| 考えの形成 | ③ お気に入りの場所紹介文を書こう②（清書）|

　前時から書いている紹介文を清書します。アップとルーズの説明が効果的に表現できているかどうか、読みやすい段落構成になっているかを下書きを基に見直します。さらに、班の中で交流する時間を設け、アドバイスし合うことでよりわかりやすい表現になることをめざします。

1 目標

下書き・交流を基に、紹介文の清書をする。

2 授業展開

お気に入りの場所紹介文を清書する

①この時間は、紹介文の清書をします。まずは、下書きを班のメンバーと見せ合い、よいところやアドバイスを伝えましょう。

・アップとルーズがわかりやすく使い分けられていていいと思う。自分もこうすればわかりやすくなるかもしれない。
・ここは段落を変えた方がわかりやすくなると思うよ。
・アップの説明とルーズの説明が同じような内容になっているから、アップの説明をもっと具体的にした方がいいかもしれない。たとえば、校庭にある旗の説明を入れるといいかも。白旗のときは全面が使えるけど、赤色のときは校庭では遊べないとか。

清書する前に交流する時間を設けることで、自分の紹介文を見直すことができるようにします。

②絵を上半分に貼り、紹介文を下半分に書きましょう。どんな工夫をしたら、わかりやすく伝えられますか。

・アップとルーズ、どっちを先に説明しようかな。
・教科書は、ルーズが先に説明されていたけど、僕はアップを先にもってこようと思う。そうしたら、「ここはどこでしょう？」ってクイズのようにできるから。
・ルーズは1種類の絵だけど、アップは2種類の絵で説明した方がわかりやすいと思う。

伝えたいことを明確にするための文章構成を考えます。説明文読解で学んだことに加え、自分なりの工夫もできるようにします。

③完成したら、振り返りを書きます。

・下書きが終わったときは、もうこれで完璧と思ったけど、見直したり友だちのアドバイスを聞いたりして、もっと直した方がいいこともあることがわかった。
・アップとルーズの説明で、自分が伝えたことがもっと詳しく伝えられると思った。
・アップとルーズ、どちらを先に説明するかでかなり迷った。特に詳しく説明したかったのはアップの方だから、それをあとにもっていった。
・ほかの班の友だちがどんな紹介文を書いているのか見てみたい。

3 本時の評価

　紹介文を書く活動で、何を学んだのかを子どもが自覚しているかを見るために、紹介文のあとに振り返りを書かせます。

○思考・判断・表現

　紹介文を書いたことを振り返り、自分の表現のよさや課題を見つけることができたか。

共有　❶「お気に入りの場所」を紹介しよう

　互いの「お気に入りの場所」紹介文を読み合います。読み合うことで、これまで知らなかった友だちの一面を知ったり、表現のよさに気づいたりすることがポイントです。また、表現のよさについての考えも、クラス全体として発展させることをねらいます。

１ 目標

　「お気に入りの場所」紹介文を読み合い、互いの表現のよさを見つけることができる。

２ 授業展開

お気に入りの場所紹介文を読み合おう

①前の時間までに作った紹介文を読み合います。読み合うときに、気をつけることは何ですか。
- よいところを見つける。
- 初めて知ったことは、付箋に書く。
- 直した方がいいところがあったら、アドバイスをする。

　交流活動の前に、意識すべきことを全体で確認をします。よいところを見つけるだけでなく、より伝わりやすい表現にするために、アドバイスもしてよいことを話します。

②最初は、班の中で見せ合います。終わったら、全体で見せ合います。よいところやアドバイスを付箋に書いて渡しましょう。
- ルーズで見ると、校庭がどれくらいの広さかわかるし、どんな遊具があるかがわかりますね。
- ビオトープには、秋の七草が生えているなんて初めて知りました。
- アップの説明が１つじゃなくて、いくつかあった方がわかりやすいと思いました。

　読み合い、自分の紹介文と比べてみて、よいところやアドバイスしたいことなどを付箋に書いて渡します。もらった付箋は、リーフレットに貼っていきます。

③自分で紹介文を作ってみて、また友だちの紹介文を読んで思ったことや感じたことを、ワークシートに書きましょう。
- 教科書を読んでアップとルーズのことを初めて知りました。自分でもこの２つの方法を使ってみて、前よりも説明がしやすくなったと思いました。
- 今まではなんとなくテレビや新聞の映像を見ていたけど、「アップとルーズで伝える」を読んでから、アップなのかルーズなのかを考えて見るようになりました。

３ 本時の評価

　互いの紹介文を読み合うことで、友だちの表現のよさに気づいたり、自分の表現を見直すことができているかを見るため、ワークシートに書かせます。

○思考・判断・表現

　紹介文を読み合うことで、一人ひとりの見方や感じ方に違いがあることに気づくことができたか。

お気に入りの場所をしょうかいしよう②

4年 アップとルーズで伝える

子どもたちの書いた紹介文の例

お気に入りの場所を紹介するリーフレット

「一輪車でメリーゴーランド」の紹介文

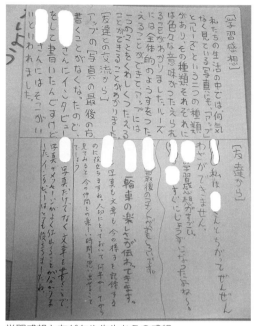
学習感想と友だちや先生からの感想

「アメリカに生息する狼」の紹介文

5年 天気を予想する （光村図書）

本文の表やグラフ、写真には、どのような効果があるか発表しよう

［上田真也］

単元目標

教材文「天気を予想する」にある図表やグラフ、写真等が、どのような意図で使われているのかを考えポスターにまとめて発表し、教材文をよりよくするための新たな工夫を考えることができる。

知識及び技能
- 問いと答え、そして結論からなる文章構成と、**論理の展開**を理解することができる。
- 「この表は〜を示したもので、〜のことが分かります」等の、**思考に関わる語句**の内容を理解することができる。

思考力、判断力、表現力等
- ３つの問いと結論からなる**文章全体の構成**を捉え、自ら天気を予想する重要性という**要旨**を把握することができる。
- 本文中の**図表やグラフ、写真**が文章のどの部分と結びつくのかをあきらかにし、その効果について考えることができる。
- 本文中の図表やグラフ、写真等が、どのような意図で使われているのかを考え、ポスターに**考えたこと**をまとめて発表することができる。

学びに向かう力、人間性等
- 本文中の図表やグラフ、写真等が、どのような意図で使われているのかを知りたいという好奇心をもって考え、より効果的な資料を見つけようという探究心をもって工夫しようとする。

　この単元では、「説明的な文章にある図表やグラフ、写真が、文章のどの部分と結びつくのかをあきらかにし、どのような意図で使われているかを考えること」に重点をおいています。構成と展開を理解したうえで、図表やグラフ、写真の効果について考え、ポスターにまとめて発表する活動を設定しました。これらの資料が、どのような意図で使われているのかに興味関心をもち、効果的に資料を活用していこうとする態度を育むことをねらっています。

1 「天気を予想する」で育てたい資質・能力

　知識及び技能としては、文章には問いと答え、そして結論からなる文章構成と、そこで述べられる論理の展開とがあるということを理解することがポイントです。

　教材文では３つの問いがその答えとともに示され、最後に結論が述べられています。この文章を読解することを通して、問いと答え、そして結論から文章が構成されていることを理解させます。加えて、要旨へとたどり着くまでの論理を理解させながら、論理の展開ということについても理解させます。

　また、本文中にたびたび使われている、「この表は〜を示したもので、〜のことが分かります」といった思考に関わる表現の内容も理解させます。

　思考力、判断力、表現力等としては、先に述べた３つの問いとその答え、そして結論という文章全体の構成を読み取ることと、そこで使われている図表やグラフ、写真が、文章のどの部分と結びつくのかをあきらかにし、その効果について考えることをねらいます。

　学びに向かう力、人間性等としては、本文中の図表やグラフ、写真等が、どのような意図で使われているのかを知りたいという好奇

心と、教材文をよりわかりやすくするためには、どのような効果的な資料があるのかを考えようとする探究心という、学びに向かう力の育成をめざします。

2 資質・能力を育てる言語活動の工夫

①ポイント

本文中にある図表やグラフ、写真が文章のどの部分と結びつくのかをあきらかにし、それがどのような意図で使われているのかを考えさせます。

②ゴールとなる活動・ポスターセッション

本文中の図表やグラフ、写真から1つを選び、その資料が使われている意図について、自分の考えをポスターにまとめて発表します。

③教材研究

本文中の図表やグラフ、写真には、詳細な数値の提示による具体性や信憑性の向上、グラフ化による量的変化の視覚化、実際の姿や様子を示す視覚化などによる説得力の向上の効果があります。文章の構成や論理の展開を理解したうえで、それぞれの図表やグラフ、写真の効果について考えることができます。

3 主体的・対話的で深い学びの実現に向けて

○主体的な学び

本文中の図表やグラフ、写真の中から、1つの資料を自分で選び、その資料が用いられている意図と効果について考えます。考えたことを一人ひとりが発表する活動を設定することで、自身の発表を成功させるために、主体的に学習に取り組みます。

○対話的な学び

自分の考えを発表する場であるポスターセッションでは、質疑応答の時間を設定します。そこでは、自分が取り上げたのと同じ資料について互いの考えを述べ合ったり、自分が取り上げなかった資料について質問をしたりしながら、資料の意図や効果に対する考えを深めていきます。

○深い学び

単元の最後には、教材文で使われている資料に加えて、どのような資料があるとより説得力が高まるかということについての自分の考えを記します。

学んだことを生かしてよりよい表現活動をしようとする態度を大切にしていきます。

もっと本文がよくなるためにほしい資料

4 資質・能力を評価する手立て

○知識・技能

段落に見出しをつけて、段落の役割と相互の関係をノートにまとめさせ、3つの問いと答え、結論が捉えられているかを見とります。

○思考・判断・表現

自分が選択した資料について、その意図を本文の内容に沿って説明できているかを、ポスターの内容から見とります。

○主体的に学習に取り組む態度

本文中から選んだ資料について、それがなかった場合と比較しながら、その資料の効果について進んで考え、ポスターにまとめているかを見とります。

また、ポスターセッションで質問したり、それに答えたりする様子や学習感想からも見とるようにします。

〈単元の授業過程〉

次	時間	学習過程	学習活動	身につける資質・能力
第1次	1時間	（見通し）構造と内容の把握	❀全文を読み、大体の内容や段落の数、資料が多く使われていることを確かめる。 ❀印象に残った図表やグラフ、写真等の資料を挙げながら、感想を書く。 ❀図表やグラフ、写真を使った意図を考えていくという学習の見通しをもつ。	●「この表は〜を示したもので、〜のことが分かります」等の、思考に関わる語句の内容を理解する。（知識・技能） ●印象に残った資料から、自分が何を感じたのか、資料に対して好奇心をもって考えようとする。（主体的に学習に取り組む態度）
第1次	1時間	精査・解釈	❀段落に小見出しをつけ、問いと答えにあたる段落の内容や関係を確かめる。 ❀結論にあたる段落を見つけ要旨に至る論理の展開と文章全体の構成をまとめる。	●問いと答え、そして結論からなる文章構成と、論理の展開を理解する。（知識・技能） ●自ら天気を予想する重要性という要旨を把握する。（思考・判断・表現）
第2次	2時間	考えの形成	❀図表やグラフ、写真の中から取り上げたい資料を1つ選び、その資料がどのような意図で使われているのか考え、ポスターにまとめる。	●資料の意図について考え、ポスターにまとめる。（思考・判断・表現） ●資料がどのような意図で使われているのか好奇心をもって考えようとする。（主体的に学習に取り組む態度）
第2次	1時間	共　有	❀ポスターセッションを行い、取り上げた資料の意図について互いに発表する。 ❀同じ資料を取り上げた相手に自分の考えを述べたり、異なる資料を取り上げた相手に質問をしたりする。	●本文中の図表やグラフ、写真等が、どのような意図で使われているのかについて、考えたことをまとめたポスターを使って発表する。（思考・判断・表現）
第3次	1時間	考えの形成（振り返り）	❀本文中の図表やグラフ、写真に加えて、あるとより効果的だと思われる資料を考え、単元全体の学習感想としてノートに記す。	●より効果的な資料を見つけようという探究心をもって自分なりに工夫しようとする。（主体的に学習に取り組む態度）

5年 天気を予想する

構造と内容の把握 ① 印象に残った資料を見つけよう

　教材文「天気を予想する」を読み、使われている図表やグラフ、写真等の資料に意識が向くように促します。既習の学習を生かして、段落番号を確認したり、題名から内容の大体を予想させたりしたあと、印象に残った資料を挙げながら感想を書かせます。

1 目標

　「天気を予想する」を読んで、内容の大体をつかみ、印象に残った資料を挙げながら読後の感想を書くことができる。

2 授業展開

全文を読む
① 「天気を予想する」には、いくつの資料が使われていますか。
　・資料の数は12です。
　・表、グラフ、図、写真などいろいろです。
　本文に使われている資料に意識が向くように、資料の数や種類を確認していきます。

印象的な資料を選ぶ
② 驚いたり、納得したり、疑問をもったりして印象に残った資料は、どれですか。
　・山をはさんで雲が切れている写真です。
　・予報の的中率が上がっていることです。
　印象に残った資料を選ばせ、その資料の効果を考えていく意欲を高めていきます。

最初の表から何がわかるか叙述から考える
③ 最初の表は何の表ですか。
　・東京地方の降水の予報精度です。
　・予報の的中率です。第1段落に書いてあります。
　・2000年を過ぎると高くなります。本文に「〜ことが分かります」とあります。
　「この表は〜を示したもので、〜のことが分かります」等の、思考に関わる語句の内容を確認します。

選んだ資料を挙げて読後の感想を書く
④ 印象に残った資料を取り上げて、その理由を入れて本文を読んだ感想を書きます。
　・グラフが印象に残りました。ゲリラ雷雨が本当に増えていて不安を感じました。

3 本時の評価

　主にノートの記述から評価を行います。
○主体的に学習に取り組む態度
　資料の内容を、本文の叙述を手がかりに理解し、印象に残った資料を挙げながら読後の感想をノートに書こうとしているか。

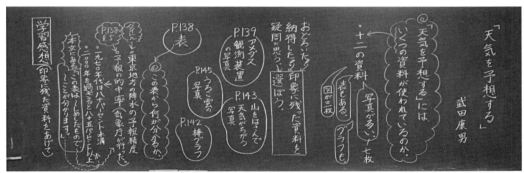
第1時の板書

第2章　資質・能力を育てる「説明的な文章」の授業

精査・解釈 ① 文章全体の構成をつかもう

この時間では、文章全体の構成をつかむことがねらいとなります。自分で選んだ印象に残った資料が、文章全体のどこに位置づくのかを考えさせながら、全体の構成や、論理の展開を理解させていきます。

1 目標

問いと答え、そして結論からなる文章構成と論理の展開を理解し、自ら天気を予想する重要性という要旨を把握することができる。

2 授業展開

選んだ資料と段落を結びつける
①みなさんが選んだ資料は、本文のどの段落と結びついているのですか。
・気象レーダーの写真は、第②段落です。
・棒グラフは第⑤段落です。

選んだ資料と段落を結びつけながら黒板に整理して書き、文章全体を見渡せる環境をつくり、文章構成への意識をもたせます。

段落に小見出しをつける
②なぜその段落とその資料が結びつくのか、段落に小見出しをつけて考えましょう。
・①段落は「予報の的中率はどうして2000年以降に高くなったか（問い）」だから、最初の表が結びつきます。
・⑩段落は「自分で天気を予想することを大切にしたい（結論）」だと思います。

資料と段落を結びつける根拠として、段落の内容をまとめた小見出しを活用させます。

各段落を問い、答え、結論に位置づける
③小見出しを手がかりに、問い、答え、結論といった各段落の役割を考えましょう。
・問いは、①④⑦で、それぞれの答えは、②③、⑤⑥、⑧⑨になります。
・要旨は⑩にある内容だと思います。
・①②③で的中率のことを言っています。
・④⑤⑥で天気の予想が難しいことを言って、そのあとに⑦から自分で予想することに内容が移っていっています。

各段落の役割を確認しながら、文章全体の構成を理解させていきます。加えて、要旨につながる論理の展開にも気づかせます。

3 本時の評価

主にノートの記述から評価を行います。
○思考・判断・表現
　3つの問いと結論からなる文章全体の構成を捉え、要旨を把握することができたか。

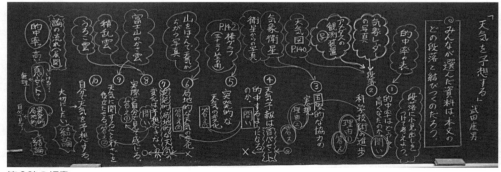

第2時の板書

5年 天気を予想する

| 考えの形成 | **① 選んだ資料の効果について考えよう** |

この時間では、本文中の資料から1つを選び、その資料が使われている意図について、子ども一人ひとりに考えさせます。もし、その資料がないとどのような点でわかりにくいのか、資料がある場合と比較しながら、好奇心をもって考える態度も大切にしていきます。

1 目標

図表やグラフ、写真の中から取り上げたい資料を1つ選び、その資料がどのような意図で使われているのか考えることができる。

2 授業展開

資料がない場合のわかりにくさを考える

①選んだ本文中の資料が本文に使われていなかった場合、どのようなことがわからないことになるのですか。

- ①段落の表がなければ、的中率が少しずつ高くなっていったことがわからない。
- ②段落の写真がなければ、観測装置の大きさや形、計測機器の名前がわからない。
- ⑥段落の写真がなければ、山をこえただけで天気がことなる様子が、ぜんぜん思い浮かばない。

選んだ資料が本文中に使われていなかった場合を想定し、そこではどのような情報が伝わらず、わかりにくさを生むことになるのかを考えさせ、ノートに書かせます。そうすることで、選んだ資料の役割に気づいていけるような活動となるように進めていきます。

資料にどのような効果があるのか考える

②選んだ資料にどのような効果があるのですか。

- ①段落の表があると、具体的な数字により説得力が強くなったり、的中率が1980年から2000年の間は変化があまりないことがわかったりする効果があります。
- ③段落の気象衛星の図があると、気象衛星の色や形がわかります。普段の生活では絶対に見ることができない物なので、図があることの意味は大きいです。

選んだ資料が本文中にあることで、どのような効果を生むのかということを考えさせ、ノートに書かせていきます。資料がない場合を考える①の活動と往還しながら、この活動を進めていく姿も大切にしていきます。

資料を使った理由を筆者の言葉で書く

③筆者は、どのような理由でこの資料を使ったのですか。

- ①段落の表は、具体的な数字を出して読み手に信用してもらい、2000年になって的中率がはっきりと高くなったことを感じさせようとして使いました。これで、説得力が高まったと思います。

取り上げた資料を使った理由を、筆者の言葉で書くことで、その資料がどのような意図で使われたのかを意識することができます。

この時間の活動は、基本的には子どもが1人で取り組みますが、実態によっては同じ資料を選んだ子ども同士で相談することも可能です。

3 本時の評価

主にノートの記述から評価を行います。

○思考・判断・表現

自分が選んだ図表やグラフ、写真が、どのような意図で使われているのかを、資料がある場合とない場合とで比較して考え、ノートにまとめることができたか。

第2章 資質・能力を育てる「説明的な文章」の授業

考えの形成 ❷ 選んだ資料の効果をポスターにまとめよう

　この時間では、前時で考えた資料が使われる意図について、1枚のポスターにまとめさせます。次の時間に行うポスターセッションに向けて、自分が選んだ資料の効果について好奇心をもってまとめさせながら、互いに考えを交流する機会への期待感をもたせます。

1 目標

　自分が選んだ図表やグラフ、写真等の資料が、どのような意図で使われているのかについて考えたことをポスターにまとめることができる。

2 授業展開

資料の効果についてポスターにまとめる

①前の時間に考えた、選んだ資料の効果についてポスターにまとめましょう。

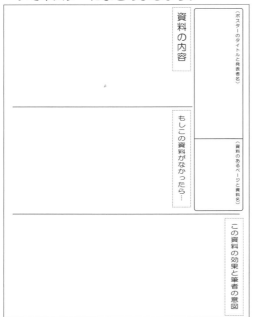

資料の効果を紹介するポスターの枠

「資料の内容」を記入する

②選んだ資料を書き写すなどして、どのような資料なのかを説明しましょう。

・この資料は、山をはさんだ向こう側とこちら側で、天気が違う様子を撮影した写真です。山をはさんだ向こう側は厚い雲でおおわれているのに、こちら側にはまったく雲がありません。山を境に天気がまったく違う様子がよくわかります。

「もしこの資料がなかったら…」を記入する

③その資料が本文に使われていなかった場合、どのようなことがわからないことになるのか説明しましょう。

・⑥段落のこの写真がなかったら、山をこえただけで天気がことなる様子が、ぜんぜん思い浮かびません。

この資料がなかった場合の読み手の状況を想像させます。

「この資料の効果と筆者の意図」を記入する

④選んだ資料にどのような効果があるのか、また筆者はどのような理由でこの資料を使ったのかを説明しましょう。

・この資料から、読み手は局地的な天気の変化という意味を、具体的に想像することができます。筆者は、「山を一つこえただけで天気がことなる」という表現の意味を実感してほしかったのだと思います。

3 本時の評価

　主にポスターの内容から評価を行います。
○思考・判断・表現

　自分が選んだ図表やグラフ、写真が、どのような意図で使われているのかを、資料がある場合とない場合とで比較して考え、ポスターにまとめることができたか。

5年 天気を予想する

共有 ① 資料の効果について ポスターセッションをしよう

　この時間では、ポスターセッションを行います。自分が選んだ資料について、その資料の効果と筆者の意図について、自分の考えを発表させます。同じ資料を取り上げた相手に自分の考えを述べたり、異なる資料を取り上げた相手に質問をしたりさせます。

1 目標

　本文中の図表やグラフ、写真等が、どのような意図で使われているのかについて、考えたことをまとめたポスターを使って発表することができる。

2 授業展開

ポスターセッションを行う

　教室の中に発表できる場所を5カ所程度設定し、一度に5人程度が同時に発表できるようにします。それぞれの場所で1人の子どもが5～6人程度の相手に向かって発表できるように場を整えます。発表者は、ポスターを見せながら1～2分程度の発表を行い、その後質疑応答の時間を設けます。これを10回程度くり返して行い、1人の子どもが合計で2回発表することができるようにします。

①選んだ資料に対する自分の考えを発表したり、質問をしたりしましょう。

　・5年○組の○○○○です。私が取り上げた資料は、138ページの第1段落にある表です。この表は、東京地方の降水の予報精度を、1971年から2010年まで5年間ずつの平均で、的中率として表したものです。1970年代には80％に満たなかった的中率がだんだん高くなり、2000年を過ぎると85％以上になったことがわかります。もし、この資料がなかったら、5年ごとの的中率の数字がわかりません。また、1981年から2000年までは、的中率にあまり変化がないことも読み取れません。この資料があることで、読み手は的中率の変化を具体的な数字の変化で知ることができます。筆者はこの段落で読み手に、「どうして的中率がこんなに高くなったのだろう」と疑問をもたせたいと考えています。その疑問を強い説得力で確実にもたせるために、この資料を使っているのだと考えました。

ポスターセッションを行った感想を書く

②自分や友だちが選んだ資料について学んだことや考え直したことについて、学習感想を書きましょう。

　・友だちの発表を聞いて、使われている資料はただくわしく伝えるためだけにあるのではなく、その段落で読み手に感じてほしい疑問や納得を深めるためにあるのだと思いました。

　文章全体における取り上げた段落の役割についてふれさせ、文章構成や論理の展開を意識させた発表や学習感想になるように促していきます。

3 本時の評価

　主にポスターセッションに参加している様子と学習感想から評価します。

○思考・判断・表現

　自分や友だちが選んだ図表やグラフ、写真が、どのような意図で使われているのかを、発表したり聞いたりして考え直し、自身の考えを深めることができたか。

第2章　資質・能力を育てる「説明的な文章」の授業

考えの形成 ① より効果的な資料は何か考えよう

　この時間では、本文中の図表やグラフ、写真に加えて、あるとより効果的だと思われる資料を考えさせます。今ある文章を、学んだことを生かしてよりよくしていく姿勢、探究心をもって自分なりに工夫していく態度を大切にしていきます。

1 目標

　本文中の図表やグラフ、写真に加えて、あるとより効果的だと思われる資料を読み手の立場になって考え、探究心をもって自分なりに工夫することができる。

2 授業展開

あるとより効果的な資料を考える

①図表やグラフ、写真に加えて、あるとより効果的だと思われる資料を読み手の立場になって考え、ノートに書きましょう。

・139～140ページの第2段落には、スーパーコンピュータについての資料がありません。この段落では、スーパーコンピュータの性能がすぐれたものになっていることが理由の1つになっています。けれども、スーパーコンピュータについての資料がないので、どのような形や大きさか、また、どれだけ性能がよくなったのかもわかりません。なので、スーパーコンピュータの写真や、1970年代と比べた今の性能の速さについてわかる資料があるといいと思います。

・143ページの第6段落には、「広いはんいの風や雲の動きは分かっても、せまいはんいでは、それがどこでどのように変化するのか、予想するのは簡単ではありません」と書いてあります。ここで、せまいはんいで雲が変化していく様子がわかる資料があると、より説得力が強まると思います。テレビには、天気予報や大雨災害のときに、雨雲レーダーの画像が出ることがあります。そのような資料があると、より説得力が出てくると思います。

　本文中の表やグラフの意図を理解したうえで、もう一度本文を読み直させ、具体的な資料が欲しいと感じる部分を見つけさせていきます。自分なりに、今ある文章をよりよくしていこうとする探究心を大切にしていきます。

単元全体の学習を振り返って感想を書く

②単元の全体の学習を振り返って、説明をするうえで効果的な資料について考えたことや学んだことを、書きましょう。

・今回の学習では、図表やグラフ、写真が思った以上に大きな役割を果たしていることに気がつきました。そして、その資料は、筆者の伝えたいことを読み手に深く伝えるために必要な物なのだと感じました。調べたことを発表するときには、これからは聞き手や読み手の立場になって、資料を工夫していきたいです。

　読み手の立場になって資料を工夫していこうとする意識を大切にしていきます。

3 本時の評価

　主にノートの記述から評価を行います。

○主体的に学習に取り組む態度

　これまでの学習を生かして読み手の立場になって考え、本文中の図表やグラフ、写真に加えて、あるとより効果的だと思われる資料を考え、ノートに書こうとしているか。

5年 天気を予想する

ワークシート「資料の効果紹介ポスター」の例（第4時で記入、第5時で発表）

6年 自然に学ぶ暮らし （光村図書）

筆者の主張と論の進め方を捉え、自分の考えをまとめよう

［今村 行］

単元目標
筆者石田秀輝氏の主張と、主張を伝えるための工夫や事例の挙げ方、論の進め方を捉え、自分の考えをまとめることができる。

知識及び技能
- 主張の文と事例の文との関係、文章全体の構成を捉えることができる。

思考力、判断力、表現力等
- **文章全体の構成**を捉え、**要旨**を把握することができる。
- **筆者の主張**と論の進め方に対し**自分の考え**をまとめ、**共有**を経て考えを見つめ直すことができる。

学びに向かう力、人間性等
- 筆者の意見を受け止めるだけではなく、自分に引きつけて、批判的に読もうとする。
- 「未来に生かす自然のエネルギー」と読み比べ、「自然に学ぶ暮らし」を捉え直そうとする。

　本単元では、筆者石田秀輝氏の主張と、主張を伝えるための工夫や事例の挙げ方を読み取り、自分の考えをもつことで子どもの思考力、判断力、表現力を中心とした資質・能力を育むことをねらいとしています。そのために単独で本教材を読んだ後に、「未来に生かす自然のエネルギー」（東京書籍６年）と読み比べることを通し、本教材の読みをいっそう深める言語活動を設定しました。本教材の論の進め方に迫り、それに対して批判的思考を働かせ自分の考えをまとめていきます。

1 「自然に学ぶ暮らし」で育てたい資質・能力

　知識及び技能としては、主張の文と事例の文の関係を捉えることが大切です。捉えたうえで、主張に対する事例の挙げ方は適切かどうか等、批判的思考力を働かせて読む力を育んでいきます。接続語等にも着目し、思考に関わる語彙の習得をめざしていきます。

　思考力、判断力、表現力等としては、知識・技能でも大切にした主張と事例の関係をしっかりと捉えたうえで、文章全体の構成を捉え、要旨を把握することが大切です。その際着目したいキーワードは「暮らし」です。「暮らし」を中心においた筆者の論の進め方に対して、自分の考えをまとめ、仲間と共有し深めていくことをねらいます。

　学びに向かう力、人間性等として、本単元では説明的文章をただ受容的に読むだけでなく、筆者の主張を捉えたうえで、自分の考えをまとめながら主体的に読もうとする力を育んでいきます。その際、２つの文章を読み比べるという方法を用いることで、１つの文章を読むだけでは得られなかった比較・分析的な姿勢を獲得させます。

2 資質・能力を育てる言語活動の工夫

①ポイント

　筆者の主張を捉え、自分の考えをまとめていく活動を中心にします。そのために、単元の初めから筆者の主張に対して「納得できるかどうか」を問い続け、スパイラル的に考えを

まとめていけるようにします。その際、東京書籍「未来に生かす自然のエネルギー」と読み比べる活動も取り入れることで、より筆者の主張を捉えやすくし、自分の考えをまとめる際のヒントを得られるようにしました。

②ゴールとなる活動・考えの見つめ直し、自覚

まとめた考えは、内に留めておいては意味がありません。信頼する仲間と共有することで、その考えの価値が認められたり、考えを見つめ直すきっかけになったりするのです。共有を経て、最後に自分の考えをまとめ直し、変容を自覚することがゴールであると考えます。

③教材研究

「自然に学ぶ暮らし」は、筆者石田秀輝氏が、資源を使うことに関してさまざまな制約が生まれてくる未来の生活において、自然そのものから学び、新しい生活を一からつくっていくことを読者に訴えかける文章です。石田氏はほかの著書においても「生活価値の不可逆性」(一度得た利便性を、人間は手放すことができない)を認めながら、物質的に満たされる満足感から精神的に満たされる満足感へのパラダイム・シフトを訴えています。「自然に学ぶ暮らし」では、「生活価値の不可逆性」という言葉は出てこないものの、テクノロジーの紹介だけでなく、日本人がこれからどんな「暮らし」をつくっていくべきなのか、ということを主張しています。「自然の仕組みを利用した技術ってすごい!」という感想に留まることなく、筆者の「暮らしの在り方」を中心にした主張に対し自分の考えをまとめながら読んでいくことで、この教材のよさが生かされると考えます。

3 主体的・対話的で深い学びの実現に向けて

○主体的な学び

筆者の主張を受容的に読むだけに留まらず、主体的に自分の考えをまとめながら読み進めていく言語活動を中心に据えていきます。

○対話的な学び

まずは構造の把握、精査・解釈の段階でしっかりと筆者、書かれた文章と対話することを大切にしていきます。そのうえで、自分の考えを形成し、信頼できる仲間と共有し対話することも大切にしていきます。

○深い学び

2つの文章を読み比べたり、仲間と考えを共有したりすることを通して、自分の考えを見つめ直し、その自己変容を自覚することが、深い学びにつながるポイントです。

4 資質・能力を評価する手立て

○知識・技能

文章の構成を捉えることができているかどうかをワークシート等で確かめます。主張が書かれている段落はどこか、事例はいくつ挙げられているかを捉えられているか評価します。また、捉えたことを生かして自分の考えをまとめていけるよう支援します。

○思考・判断・表現

筆者が主張を伝えるためにどんな工夫を凝らしているかを捉え、それにどのような効果があると考えたか、ワークシート等から見とります。また、2つの文章の比較については「比較することで『自然に学ぶ暮らし』の筆者の主張や工夫がよりわかりやすくなった」というような感想を評価していきます。

○主体的に学習に取り組む態度

授業中の姿勢から、主体的に自分の考えをまとめようとしているか、読み比べや考えの共有のよさを味わいながら自分の考えを見つめ直すきっかけにしようとしているかを見とるようにします。

〈単元の授業過程〉

次	時間	学習過程	学習活動	身につける資質・能力
第1次	2時間	構造と内容の把握	✿全文を読み、大体の構成を把握する。筆者の主張、論の進め方に納得できるかを問う。 ✿筆者の挙げた事例をまとめる。筆者の主張と事例の関係を段落構成図にまとめる。	●筆者の主張、論の進め方に納得できるかどうか、興味をもって考えようとしている。（主体的に学習に取り組む態度） ●文章の構成を捉えている。（知識・技能、思考・判断・表現）
第2次	2時間	精査・解釈	✿筆者が主張を伝えるために凝らしている工夫を捉える。 ✿東京書籍「未来に生かす自然のエネルギー」を読み、「自然に学ぶ暮らし」での筆者の主張を捉え直す。	●筆者が主張を伝えるためにどんな工夫を凝らしているか、どんな論の進め方をしているか捉え、その効果について考える。（思考・判断・表現） ●2つの文章を読み比べ、それぞれのよさを見つけるとともに、「自然に学ぶ暮らし」の主張、論の進め方の特徴を捉え直す。（思考・判断・表現）
	1時間	考えの形成	✿筆者の主張と論の進め方に対し、自分の考えをまとめる。	●これまでの学習を振り返りながら、筆者の主張、論の進め方に対して自分の考えをまとめる。（思考・判断・表現）
第3次	1時間	共有	✿第5時でまとめた自分の考えを仲間と共有する。共有を通して、自分の考えを見つめ直し、もう一度自分の考えをまとめる。	●考えを共有し、自分の考えを見つめ直し、自己の変容を自覚する。（思考・判断・表現）

6年 自然に学ぶ暮らし

構造と内容の把握 **①** # 筆者の主張を捉えよう

「自然に学ぶ暮らし」は、初めと終わりに筆者の主張が書かれている双括型の説明文です。まずは全文を読み、筆者の主張を捉えます。「筆者の主張、論の進め方に納得できるか」と問い、今の時点での自分の考えを仲間と共有していきます。それが今後の学習の主体性につながります。

1 目標

「自然に学ぶ暮らし」を読み、大体の構成を把握し、筆者の主張を捉えることができる。

2 授業展開

全文を読み、筆者の主張を捉える

①読んでみて、初めて知ったこと、驚いたこと、疑問に思ったことなどはありますか。

- シロアリって、家の木材を食べてしまうから駆除しなきゃいけない、こわいイメージだったんだけど、巣の作りからこんなに学ぶところがあるんだ、と驚いた。
- あわを使ったおふろって、入ったらどんな感じなんだろう。
- トンボの羽の仕組みを生かした風力発電もおもしろい。でも「ラジオを聞いたり、おじいちゃんに補聴器の電気をプレゼントしたり」という例はよくわからない。ゲーム器の充電ができるならいいな。

まず説明文の内容に着目し、子どもの感動や疑問を引き出します。内容に終始する読みでは国語科の資質・能力を育むことはできませんが、内容に着目しなくては、筆者の工夫や論の進め方への理解も生まれません。

②筆者の主張はどこに書かれていましたか。

- 最後の「自然に学び、新しい暮らしの在り方を考えていくこと。それこそが、これからの私たちに求められる社会のえがき方なのです」というところ。
- 初めの１段落にも主張が書いてある。「私たちは、資源の利用のしかたを見直すと同時に、新しい暮らし方を一から考えていかなければなりません」というところ。これも筆者の主張だと思う。
- どちらかと言うと後半の方が筆者の主張が強く書かれているけれど、初めにも終わりにも主張が書かれていると思う。これは双括型の説明文だと思う。

筆者の主張が書かれた場所を問うことで、それまで国語科の授業で学んできた「初め」や「終わり」、「段落」、「双括型」という言葉が自然と出てきます。既習の知識を活用する姿を教師が積極的に認めていくことも大切です。

③筆者の主張、論の進め方に納得できますか。

- もう少し読んでみないとわからないけど納得できる。シロアリなど、わかりやすい事例を挙げているから納得がいった。
- まだ納得できない。今の暮らしの方がいいかなって思う。エアコンが使えればいいし、あわのお風呂より、お湯がたっぷりのお風呂の方が気持ちよさそうだし。

納得できるという考えも、できないという考えも認め、単元を通し問い続けていきます。

3 本時の評価

大体の構成を把握し、筆者の主張を捉えることができているか、ノートの記述で見とります。

○知識・技能

大体の構成を把握し、筆者の主張を捉えることができたか。

第２章　資質・能力を育てる「説明的な文章」の授業　　87

| 構造と内容の把握 ② | 筆者の主張と事例の関係を、段落構成図にまとめよう |

　第1時では、筆者の主張を捉え、大体の構成を把握しました。本時では、より詳しく構成を捉え、主張を事例がどのように支えているかまとめていきます。言語活動として段落構成図にまとめ、子どもが段落相互の関係を捉えられるようにします。

1 目標

　それぞれの事例の役割を捉え、段落構成図にまとめることができる。

2 授業展開

筆者が挙げた事例を確認する

①筆者は、自然の仕組みを利用する事例をいくつ挙げていますか。

・生き物でいうと、シロアリとアワフキムシ、ベタ、トンボが挙げられている。
・でも、アワフキムシとベタって、同じあわの事例だよね。両方同じ第7段落に書かれているし。
・シロアリは、第4段落に「二つの仕組み」と書いてあるから、事例としては二つに分けられるんじゃないかな。第5段落が「一つ目」、第6段落が「二つ目」とナンバリングして始まっている。
・トンボの羽の事例が書いてある第8段落の最初に「これらとは別に、自然の仕組みに学んで、エネルギーそのものを作り出す試みもなされています」と書いてある。それまでとは別の事例ということだよね。大きくここで切り替わっている。

　発問としては事例の数を問うていますが、ここでの目的は数をはっきりさせることではなく、事例がいくつかのまとまりに分けられそうだ、ということに子どもが気づいていくことです。いくつあるかを問うことで結果的に注意深く事例を読もうとします。

②各段落を短くひと言で説明して、段落構成図にまとめましょう。

・第1段落「問題提起・主張」
・第2段落「筆者の考えの紹介」
・第3段落「自然の仕組みをうまく利用する事例の紹介へ」
・第4段落「シロアリの巣の空気調節」
・第5段落「シロアリの巣の秘密①トンネルによって温度を調節する仕組み」
・第6段落「シロアリの巣の秘密②小さな穴によって湿度を調節する仕組み」
・第7段落「生き物のあわの使い方に学んだおふろ」
・第8段落「自然の仕組みに学んで、エネルギーそのものを作り出す試み」
・第9段落「まとめ・主張」

　ここでも大切なのは文言にこだわることではなく、あくまで段落の内容の大体を捉えることです。教師が言葉を紡いで短くまとめたり、「問題提起」など6年生が使い慣れない言葉を指導したりすることも必要です。

※段落構成図は93ページを参照。

3 本時の評価

　段落相互の関係を捉えられているか、子どもが書いた段落構成図から見とります。

○知識・技能

　筆者の主張を捉え、構成を第1時より詳しく把握することができたか。

6年 自然に学ぶ暮らし

精査・解釈 ① 筆者の工夫と論の進め方を捉え、その効果について考えよう

前時では、筆者の主張と事例の関係を段落構成図にまとめ捉えました。本時では、筆者が自らの主張を読者に伝えるために、どのような工夫を凝らしているのか、どんな論の進め方をしているのかを捉え、その効果について考えていきます。「納得できるか」を問い、自分の考えを確認します。

1 目標

筆者の工夫と論の進め方を捉え、その効果について考えることができる。

2 授業展開

筆者の工夫を捉え、その効果を考える

①筆者が主張を読者に伝えるため、わかってもらうために、工夫しているところやわかりやすくしている箇所を見つけましょう。

・「みなさんは」っていう呼びかけから文章が始まっている。呼びかけられると、読みやすいよね。
・呼びかけというところと同じなんだけど、語尾で「〜しょう」という言葉が多い。

T：「〜しょう」には問いかけと、促しという効果もあります。「見てみましょう」は問いかけではなく促しですね。筆者はうまく使い分けていますね。

・順序を表す言葉がじょうずに使われている。第4段落は「まず」、第5段落は「一つ目は」、第6段落は「二つ目は」、第7段落は「次に」など、わかりやすくなっている。
・第8段落の「これらとは別に」という言葉も、違いがはっきりしてわかりやすい。
・第9段落の「このように」でまとめをして、「〜のです」という強調の語尾で主張をするのは、説明文の王道パターン。「それこそが」という強調もあり、筆者の思いがこの段落に込められていることがわかる。
・事例を挙げているところで、何度か「が」という逆接の接続語を使っているよね。

T：それってどの部分ですか？

・第6段落の「エアコンに比べると、少し性能は落ちますが、そんなときは窓を開けて、通りぬけていく風や虫の音を楽しむのもすてきです」と第8段落の「作り出される電気の量は少しですが、その電気でラジオを聞いたり、おじいちゃんに補聴器の電気をプレゼントしたりすることができます」というところ。
・その部分がよくわからなかった。いきなり窓を開けて風や虫の音を感じてとか、電気でラジオを聞いてとかおじいちゃんの補聴器とか、なんで突然出てくるの？
・確かにいきなりな感じがする。

T：じゃあ、この部分はいらないってこと？「少し性能は落ちますが」とか、「作り出される電気の量は少しですが」というマイナスポイントは、確かにあえて書かなくてもいいような気がするね。

・でも、筆者はそれを書いている。思い出してほしいんだけど、筆者が主張したいのは、自然の仕組みを利用した技術のすごさではなく、「自然に学び、新しい暮らしの在り方を考えていくこと」。だから暮らしのあり方として、風や虫の音を楽しむような姿をえがきたいんじゃないかな。

3 本時の評価

○思考・判断・表現

筆者の工夫の効果を考えられたか。

第2章 資質・能力を育てる「説明的な文章」の授業 89

| 精査・解釈 | ❷ 「未来に生かす自然のエネルギー」と読み比べ、特徴を捉えよう |

東京書籍6年「未来に生かす自然のエネルギー」と比較する言語活動を設定します。同じ題材で、異なる論の進め方をする文章と比較することを通して、「自然に学ぶ暮らし」における筆者石田秀輝氏の主張や論の進め方がいっそう明確になり、自分の考えをまとめる活動につながっていきます。

1 目標

文章を読み比べ、「自然に学ぶ暮らし」における筆者の主張や論の進め方を捉え直すことができる。

2 授業展開

読み比べてみて気づいたことを交流する

①読み比べてみて、どんなことに気がつきましたか。

- 「未来に生かす自然のエネルギー」に出てくる「大量生産・大量消費・大量廃棄」という現代の問題点や、「持続可能な社会」、「使い切りエネルギー源」、「再生可能エネルギー源」という言葉は、「自然に学ぶ暮らし」の内容にもつながってくる言葉。

T：地球の資源が少なくなり、このままではこれまでの暮らしを続けていくことができない、人類が生き続けていくことができないという同じ問題点に立って話を始めていますね。

2つの文章が同じ問題点に立っていることを全体で確認・共有します。

②それぞれの筆者の主張は同じですか。

- 「未来に生かす自然のエネルギー」は、題名にもエネルギーという言葉があるとおり、「再生可能エネルギー」のこれからの重要性を主張していると思う。
- 比較してみるとわかりやすいけど、「自然に学ぶ暮らし」は、エネルギー問題ではなく、暮らしのあり方について主張している。

同じ題材を用いていても、主張が異なることを確認します。題名に着目している子どもの姿も認めていきます。

③それぞれの論の進め方の違いを捉えましょう。

T：主張も違えば、事例の挙げ方や論の進め方も違うでしょうか。比べてみましょう。

- 「未来に生かす自然のエネルギー」は、グラフをいくつも使って説明している。エネルギー消費量が急増していることや、風力発電が増えてきていることが目で見てもわかりやすい。こういう説明のしかたは「自然に学ぶ暮らし」にはなかった。
- パーセントや〜億トンなど、具体的な数値を挙げているのも、エネルギー源について論じているから、それをわかりやすくするためなんじゃないかな。
- 前の時間にも話していたけど、暮らしのあり方について主張するためには、「が」という逆接の接続語のあとの事例が必要なんじゃないかな。

長い文章なので子どもにとっても骨が折れますが、比較して読むことで「自然に学ぶ暮らし」の特徴を捉えやすくなったようです。

3 本時の評価

○思考・判断・表現

読み比べることで「自然に学ぶ暮らし」の主張や論の進め方を捉えることができたか。

6年 自然に学ぶ暮らし

考えの形成 ① 筆者の主張、論の進め方について自分の考えをまとめよう

　これまでの学習で捉えてきた筆者の主張、論の進め方に対して、自分の考えをまとめていく時間です。納得できるにしても、納得できないにしても、まず自分なりの根拠をもち、共有したときに仲間に共感、納得してもらえるように考えをまとめていけるよう支援していきます。

1 目標

　これまでの学習で捉えてきたことを基に、自分の考えをまとめることができる。

2 授業展開

自分の考えをまとめる

①筆者の主張、論の進め方に納得できますか。

T：この単元の1時間目に「筆者の主張、論の進め方に納得できるか」ということをみんなに問いました。学習を進めてきて、考えが深まったり、変わったりしてきましたね。考えをノートにまとめましょう。根拠を忘れないようにしよう。

《納得できる派の根拠の例》

・筆者は、私たちにとってもわかりやすい昆虫や魚などの生き物を事例に挙げている。読者にわかってもらいたいから、わかりやすい事例を挙げているんだと思う。論の進め方がじょうずだな、と思う。

・筆者の工夫がとてもいいと思う。「～しょう」という語尾は読んでいると引き込まれる。「まず」や「次に」、「一つ目」や「二つ目」という順序を示す接続語も、読者を思いやってのこと。

・逆接の接続語「が」の事例は、初めはいらないんじゃないかと思ったけれど、友だちの意見や、「未来に生かす自然のエネルギー」との読み比べを通して、筆者の「新しい暮らしの在り方」という主張のために不可欠なんだとわかった。

《納得できない派の根拠の例》

・筆者の言う、エアコンの代わりにシロアリの巣のように小さな穴の空いた素材でかべやゆかを作ることや、あわのおふろは確かに省エネだったりエコだったりすると思うけれど、私はまだそんなに魅力的に思えない。

・逆接の接続語「が」の事例は、筆者の主張との結びつきとしてはなるほどな、と思った。でも、通り抜ける風や虫の音、おじいちゃんに補聴器の電気をプレゼント、というのはみんなが実感したり納得できたりすることじゃないと思う。

・「未来に生かす自然のエネルギー」の方が、数値やグラフがのっていてわかりやすい。石油が約50年後にはなくなって、生活のしかたを変えていかなければならない、「50年後というと、今10歳の小学生が60歳になるころです」と具体的な数字があるとやっぱり納得できる。「自然に学ぶ暮らし」にもそういう説明があったら、もっとわかりやすいと思う。

　この時間は、ノートに自分の考えをまとめていきます。根拠の挙げ方に迷っている子どもには、これまでのワークシート、ノート、板書記録等を見返して考えるよう支援します。

3 本時の評価

○思考・判断・表現

　これまでの学習で捉えてきたことを基に、自分の考えをまとめることができたか。

第2章　資質・能力を育てる「説明的な文章」の授業

| 共　有 | ① 考えを仲間と共有し、自分の考えを見つめ直そう |

　前時にまとめた考えを、仲間と共有します。自分の考えを共感的に受け止めてもらったり、反論を受けて見つめ直したり。仲間の意見を聴いて、共感したり、「え、どうして？」と疑問に思ったり。そうした対話的な学びを通し、自分の考えを見つめ直す深い学びの場を創ります。

1 目標

　仲間と考えを共有し、自分の考えを見つめ直し、変容を自覚化することができる。

2 授業展開

考えを共有する

①筆者の主張や論の進め方について、自分の考えを発表しましょう。

- 納得できた。昆虫や魚などの生き物を事例に挙げているでしょう？　読者にわかってもらいたいから、わかりやすい事例を挙げているんだと思う。
- 私も納得できた。「～しょう」という語尾は読んでいると引き込まれないですか？「まず」や「次に」、「一つ目」や「二つ目」という順序を示す接続語も、読者を思いやってのことだと思う。
- 逆接の接続語「が」の事例は、初めはいらないんじゃないかと思ったんだけど、友だちの意見や、「未来に生かす自然のエネルギー」との読み比べを通して、筆者の「新しい暮らしの在り方」という主張のために不可欠なんだとわかった。なるほどなって思ったから、納得です。
- でも、通り抜ける風や虫の音、おじいちゃんに補聴器の電気をプレゼント、というのはみんなが実感したり納得できたりすることじゃないと思うんだけど。僕はなんだかいま一つ納得できないんだよね。
- 私も、納得しきれないというか。小さな穴の空いた素材でかべやゆかを作ることや、あわのおふろは確かに省エネだったりエコだったりすると思うけれど、まだそんなに魅力的に思えない。
- 「未来に生かす自然のエネルギー」だと、石油が約50年後にはなくなって、生活のしかたを変えていかなければならない、「50年後というと、今10歳の小学生が60歳になるころです」と具体的な数字があるでしょう？　数字があると納得できる。「自然に学ぶ暮らし」にもそういう説明があれば、もっとわかりやすいと思うし、読者が納得しやすいんじゃないかな。
- 確かにその方が読む方にも切実感がでるかもしれないな。
- （もっと詳しく書きたかったんだけど、）書ききれない部分もあったのかもしれない。

　考えの共有を通して、自分の考えを見つめ直すということを大切にします。

自分の意見を見つめ直し、変容を自覚化する

②自分の考えを見つめ直し、ノートにまとめましょう。

- 確かに、具体的な数字があると、さらに説得力が増すように感じた。でも、筆者の事例の挙げ方はとてもうまかった。

3 本時の評価

○思考・判断・表現

　仲間との考えの共有を通して、自分の考えを見つめ直すことができたか。自己の変容を自覚できたか。

ワークシートの記入例（第3時/第4時）

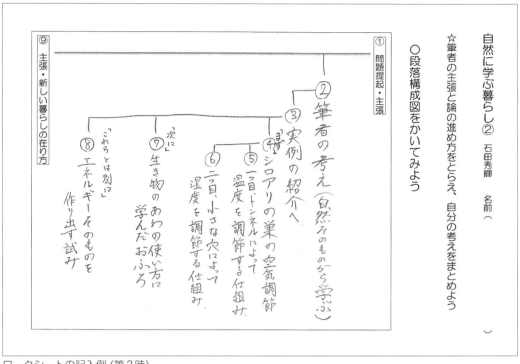

ワークシートの記入例（第3時）

ワークシートの記入例（第4時）

「説明的な文章」の実践のポイント

［中村和弘］

　「説明的な文章」に書いてある内容を読むことは、子どもたちにとっても楽しいことです。「へえ、そうなんだ」「初めて知ったよ、おもしろいな」という発見があります。読んでおもしろいと思ったことは、子どもの学習意欲につながります。

　その一方で、文章の内容はおもしろいのに、授業となるとつまらないという声を聞きます。段落番号をふらせ、大段落にまとめさせたり文章構成を考えさせたりします。あるいは、段落ごとに小見出しをつけ内容を要約させながら読み進め、最後に筆者の主張をまとめさせたりします。

　文章の内容にあまり関係なく、このような学習活動が展開されていくとき、子どもたちは「どうして文章構成を考えなければならないのか」「どうして筆者の主張を短くまとめなければならないのか」ということがよくわからないまま、活動に取り組むことになります。もしかしたら、教師のほうも何を教えたらよいのか今ひとつよくわからず、そうした活動をくり返してしまっていることがあるかもしれません。

　子どもたちが、文章の内容におもしろさを感じるのは、知らなかったことを知ったからです。発見があったからです。ということは、内容だけではなく、文章の構成や表現の方法、論理のつながりに子どもの目を向けさせ、そこに「なるほど、たしかにそうなっている！」「へえ、気がつかなかったけど筆者はすごいね！」というような、発見をもたらせばよいということになります。

　そのための実践のポイントが、2つあります。

　ひとつは、その文章にはどのような筆者の書き方の工夫があるのかを、教師がまず教材研究から導き出すことです。「説明的な文章」は、読み手に何かを説明したり、主張をわかってもらったりするために書かれています。ですから、筆者は、自分の説明したいことや主張したいことが読み手に効果的に伝わるよう、さまざまに工夫をこらして文章を書いています。主張を文章のどの段落にどのように書くか、どのような事例をどの順序で用いて説明するか、図表や写真をどのように配置するかなど、文章のあちこちに筆者の工夫が散りばめられています。まずは教師が、それらの工夫を読み解いていくということです。

　もうひとつは、そうやって見いだした筆者の工夫に、子どもたちの関心をどのように向けていくかということです。まずは、さまざまな筆者の工夫のうち、どの部分を重点的に子どもたちに考えさせるかを焦点化する必要があります。そのうえで、どのような発問や学習課題を提示すれば、自然と子どもたちがそのことを考えたくなったり読みたくなったりするのかを、検討する必要があります。「実はね、文章のここに筆者のこんな工夫があるのですよ」と教えてしまっては、意味がありません。子どもたち自身が、文章を読んだり考えたりすることを通して、そうした発見をしていくことが大切です。

　読んで考えることを通して、文章の構成や表現の工夫、論理のつながりに気づいていく。そのことを前提としつつ、ではどのような発問や学習課題の提示が効果的なのかを考える。「説明的な文章」の実践のポイントは、そんなところにあるのです。

第3章

資質・能力を育てる「文学的な文章」の授業

1年 おおきなかぶ （教育出版）

音読しながら登場人物たちの行動を想像して劇をつくろう

[西川義浩]

単元目標

場面の展開に即して工夫して音読したり、登場人物の会話や動きを具体的に想像したりすることができる。

知識及び技能
- 語のまとまりや言葉の響きなどに気をつけて**音読**することができる。

思考力、判断力、表現力等
- 場面の様子に着目して、登場人物の行動を**具体的に想像**することができる。
- 文章を読んで感じたことを**共有**することができる。

学びに向かう力、人間性等
- 物語を音読したり、登場人物の行動について友だちといっしょに想像したりすることを楽しもうとする。

　この単元では、声を合わせて音読すること、具体的に想像することに重点を置き、物語の展開に沿って音読や動作化する活動を通して、登場人物や場面の様子についての想像を広げていきます。

　最後には学んだことを思い返しながら、グループで「おおきなかぶ」の短い劇づくりを行います。みんなで物語を読むことを存分に楽しんで、これからの学習にも進んで取り組んでいけるような土台づくりの単元です。

1 「おおきなかぶ」で育てたい資質・能力

　知識及び技能としては、言葉の響きなどに気をつけて音読するということがポイントです。登場人物の声が重なる「うんとこしょ、どっこいしょ」、語り手の「まだ」「まだ　まだ」などの言葉に着目させながら、どんなふうに音読するか考えることが場面の様子を考えることとつながっています。

　思考力、判断力、表現力等としては、物語の展開に沿って出てくる人物等の行動を具体的に想像することをねらいます。そこに書かれていない会話や姿を、挿絵をよく見たり、動作化したりすることを通して考えていきます。考えたことを友だちと交流することで、想像を広げ、場面の様子を生き生きと捉えることができるようにします。

　学びに向かう力、人間性等としては、物語をみんなで読むことの楽しさを味わわせ、教室で物語を読むことへの興味・関心を高めます。1年生の最初の文学教材です。物語を読んでみんなで考えたことを、話したり聞いたりすることは楽しいという構えを育てることが大切です。

2 資質・能力を育てる言語活動の工夫

①ポイント

　物語の展開に沿って、その場面の登場人物になりきって動作化したり、音読したりする表現活動を行っていきます。動作化や音読を通して、書かれていない登場人物同士の会話

や行動の背景、場面の様子を具体的に想像していきます。

物語を読み、想像することの楽しさを存分に味わえるようにします。

②ゴールとなる活動・劇づくり

学んできたことを思い起こしながら、グループで短い劇づくりを行います。

③教材研究

「おおきなかぶ」の登場人物は、人間からねずみに至るまで、少しずつ小さな生き物になり、変化があります。物語の展開や表現はくり返しが多くあり、子どもたちにとって非常になじみやすいものです。場面を音読したり動作化したりすることで、出てくる登場人物になりきって物語の展開を楽しむと同時に、登場人物の様子や行動をより具体的に想像することができます。「うんとこしょ、どっこいしょ」といった特徴的でユーモラスな表現は、音読では子どもの声が自然と重なっていくことでしょう。また、「それでも」「まだ　まだ」「まだ　まだ、まだ　まだ」といった言葉に着目させ、どんな意味なのか確かめることも大切です。物語の展開を楽しみながら、表現活動を通して想像を膨らませていくことができる教材です。

3 主体的・対話的で深い学びの実現に向けて

○主体的な学び

物語の展開に合わせて、体を動かしたり、声に出して読んだりします。子どもの発達段階に合わせて、1単位時間の活動に変化をもたせ、楽しみながら物語を読んでいきます。表現活動を行うことで、子どもたちはのびのびと読むことに取り組んでいきます。

○対話的な学び

音読や動作化は子どもたちの想像を引き出します。登場人物の会話等、その場面における視点を定めて考えさせ、発表し合うようにします。

○深い学び

表現活動を通して、「どうしてそうしたい（した）のか」を語らせることが大切です。お互いに話したり聞いたりすることから、その場面の想像がぐっと広がっていきます。うまく表現できたかどうかは問題ではありません。その場面をどのようなものとして想像したのかを聞き合うようにしましょう。

4 資質・能力を評価する手立て

○知識・技能

言葉のまとまりや響きに気をつけて、音読できているかを見ます。

○思考・判断・表現

登場人物の様子・行動を具体的に想像できているかについて、表現活動をする子どもの姿から見とります。このとき、音読や動作を「どんなふうにしようとしているか」「どうしてそうしたい（した）のか」という視点で見ることが大切です。

○主体的に学習に取り組む態度

「読むこと」の学習としては、その子が物語の内容、登場人物、言葉にどのように向き合っているかを、見とることが大事です。さらに1年生で大切なのは、楽しんで学んでいるかどうかです。物語をみんなで読むことの楽しさを存分に経験しておくことがこれから6年間の学びの土台になります。子どもの姿、発言や表情はもちろんですが、簡単な振り返りや一言感想を書かせてもよいでしょう。

〈単元の授業過程〉

次	時間	学習過程	学習活動	身につける資質・能力
第1次	1時間	構造と内容の把握	✿挿絵を見て、かぶの大きさを話し合う。 ✿物語の全文を読み、感想を話し合う。 ✿感想とつなげながら、これからの学習の見通しをもつ。	● 学習の見通しをもち、物語の展開や文中の言葉等に興味をもつ。（主体的に学習に取り組む態度） ● 場面の様子や登場人物の行動の大体をつかむ。（思考・判断・表現）
第2次	4時間	精査・解釈	✿話の展開に沿って、音読したり、動作化したりして、その場面の様子や登場人物の行動を想像する。	● 言葉の意味に気をつけて音読する。（知識・技能） ● 場面の様子や登場人物の行動などを具体的に想像する。（思考・判断・表現）
第3次	1時間	考えの形成 共有 （振り返り）	✿読んできたことを思い起こしながら、小グループで劇をつくり発表し合う。 ✿学習を振り返る。	● 文章を読んで理解したことに基づいて、自分の考えをもつ。（思考・判断・表現） ● 物語を読むための学習方法を自覚する。（知識・技能）

「おおきなかぶ」のおもしろいところを見つけよう

構造と内容の把握 ①

「おおきなかぶ」は、反復される展開、表現のくり返しや、次々と登場人物が増えていくというおもしろさがあります。子どもたちがこの物語に出合い、どんな感想を抱くのか、どこにおもしろさを感じるのか、子どもの思いを大事にしながら、今後の活動への期待感や興味を高めます。

1 目標

「おおきなかぶ」を読んで、内容や言葉のおもしろさに興味をもつ。

2 授業展開

挿絵を見て、どんなかぶか話し合う

①この絵のかぶは、どんなかぶですか。
 ・とても大きい。
 ・かぶの葉が木のように大きい。
 ・この教室の天井までありそう。

物語の内容に興味がもてるように、本物のかぶ（あるいは写真）を用意して、挿絵のかぶと大きさを比べてみるとよいでしょう。大きなかぶがどれくらい大きいか、話し合うことで、これから読む物語への期待が膨らみます。

音読をして、感想をもつ

②先生が読んだあとに、みんなで読んでみましょう。
 ・ゆっくり読むことが大事だね。
 ・「うんとこしょ、どっこいしょ」で声が合うと気持ちがいいな。
 ・最後に「やっと、かぶはぬけました」で、すっきりするね。

教師の範読を聞かせたあとは、そのクラスの子どもの実態に応じて、全体で声をそろえるか、個別に読むかは判断しましょう。ゆっくりと読むことで、表現のおもしろさにも気づかせます。

③「おおきなかぶ」は、どんなところがおもしろかったですか。

 ・「うんとこしょ、どっこいしょ」のかけ声がおもしろい。
 ・「まごがおばあさんをひっぱって〜」のところがだんだん長くなっておもしろい。
 ・人間だけじゃなくて、いろいろな動物が集まってくるところがおもしろい。

２文程度でノート（ワークシートでも可）に感想を書かせて、発表させます。物語の内容や表現について、自由に感想を出し合うことで、次の時間の活動へとつなげます。この感想はこれからの学習で、導入部で子どもたちに紹介するとよいでしょう。

3 本時の評価

学習材や今後の学習への興味・関心を見るために、子どもの発言や様子、ワークシート（ノート）に書いている内容から評価します。

○**主体的に学習に取り組む態度**

物語の展開や、文中の言葉に興味をもとうとしているか。

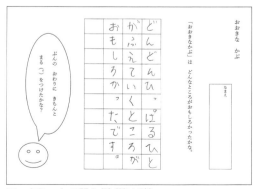

ワークシートの記入例（第１時）

| 精査・解釈 | **① 登場人物の行動を読み取ろう①** |

物語を音読する活動を通して、登場人物の行動を想像していきます。おじいさんがたねをまいたときにどんな思いをもっていたか、とても大きく育ったかぶを見て、どんな様子だったか、想像したことを本文に加えながら音読していきます。

1 目標

かぶを植えたおじいさんの行動や様子を具体的に想像することができる。

2 授業展開

大きくかぶが育った場面を音読する

①みんなで音読をしましょう。

- 「うんとこしょ、どっこいしょ」が、やっぱりおもしろいな。
- 今度はみんなで声を合わせて読みたいな。
- おじいさん1人だから、ここでかぶをひっぱるかけ声はもっと小さい方がいいと思うよ。

場面の様子を確かめられるように、挿絵を示しながら音読しましょう。音読を通して場面の様子にも目を向けるようにします。1年生の発達段階を考えて、活動に変化をもたせることも大切です。いろいろな音読のさせ方を経験することも必要な学びです。

おじいさんの行動を想像する

②かぶのたねをまいたときに、おじいさんはどんなことを言ったか考えてみましょう。

- はやく育たないかな。楽しみじゃ。
- かぶができたら、どんな料理をつくろうかな。
- たくさんできたら、かぶのスープをたくさんつくってごちそうしたいな。

子どもの発言を吹き出しにして黒板に書いていきます。後の活動で自分がワークシートを書くための学習モデルにもなります。

③とてつもなく大きなかぶができたのを見たおじいさんは何と言いましたか。

- 願いがかなった。神様ありがとう。
- こんなに大きく育つなんておどろきだ。
- どれくらいかぶのスープができるかな。楽しみだな。

おじいさんになりきってワークシートの吹き出しに記入します。拡大した挿絵を掲示し、子どもから出てくる言葉を書き込んで板書していきます。おじいさん1人ではかぶがぬけないことを確認して、次時へとつなげます。

3 本時の評価

登場人物の行動を具体的に想像できているか、活動時の子どもの発言やワークシートの記述に注目します。

○知識・技能

大きく育ったかぶにおじいさんがどんなことを言ったかを具体的に想像できたか。

ワークシートの記入例（第2時）

1年 おおきなかぶ

| 精査・解釈 | ❷ 登場人物の行動を読み取ろう② |

物語の展開に沿って、登場人物の行動を具体的に想像していくことをねらいとします。かぶをぬくために、おじいさん、おばあさん、まごと登場人物が増えていきます。彼らのやりとりを想像します。動作化を中心的な活動にして、子どもの想像を引き出していきます。

1 目標

おじいさん、おばあさん、まごの行動や様子を具体的に想像することができる。

2 授業展開

まごがやってくるまでの場面を音読する

①みんなで音読をしましょう。おじいさんを助けに来たのは誰ですか。

・おばあさんがやってきたよ。
・そのあとにまごの女の子まで呼んだよ。

音読をしながら「それでも」「まだ まだ」と言った言葉の意味も確かめます。「うんとこしょ、どっこいしょ」の声の大きさの変化など、読み方がどう変化していくか、話し合わせるとよいでしょう。

登場人物の行動を想像する

②おじいさんとおばあさんは、かぶを見てどんなことを話しましたか。

・おばあさん、すごいことになったよ。来ておくれ。
・おいしいかぶをたらふく食べられるわね。
・これは楽しみだね。村のみんなにも分けてあげたいね。
・わし1人では無理だ。手伝っておくれ。
・びっくりして目を回さないでおくれよ。
・かぶがぬけたら、おばあさんの得意なスープにしておくれ。
・スープにするのが楽しみだわ。

おじいさんと、おばあさんになって動作化させて、想像を膨らませるようにします。

教師は、子どもの発言を板書に整理していきます。挿絵の拡大図があるとよいでしょう。

③まごをつれてきたとき、3人はどんなことを話しましたか。

・見ておくれ。この大きなかぶを。
・このかぶをぬくのに力をかしておくれ。
・こんな大きなかぶを見たのは初めてだわ。
・きっとぬけると思うわ。まかせてちょうだい。
・おじいさん、こんな大きなかぶをどうやって育てたの。
・早くこのかぶをおなかいっぱい食べたいな。

まご役の子を加えて、どんなやりとりが展開されるのかを考えます。

3 本時の評価

登場人物の行動を具体的に想像できているか、活動時の子どもの発言に注目します。

○思考・判断・表現

おじいさん、おばあさん、まごがどんな様子だったか、会話等を具体的に想像できたか。

| 精査・解釈 | **3 登場人物の行動を読み取ろう③**

　物語の展開に沿って、登場人物の行動を具体的に想像していくことをねらいとします。人間に加えて、犬やねこまで連れてきます。人間とは違った動きや会話が引き出されることでしょう。動作化をすることで、想像する楽しさを存分に味わいます。

1 目標

　大きなかぶをぬこうとする登場人物たちの行動や様子を具体的に想像することができる。

2 授業展開

ねこがやってくるまでの場面を音読する

①みんなで音読をしましょう。今度は何がやってきましたか。
- まごが犬をよんできたんだよ。
- きっと飼っている犬だと思うよ。
- 犬がねこを呼んでくるなんておもしろいな。

　音読をしながら「まだ まだ、まだ まだ」と言った言葉の意味も確かめます。くり返しの言葉を音読する楽しさを存分に味わいます。

登場人物の行動を想像する

②犬がやってきたとき、どんなふうにかぶをぬこうとしたのか考えてみましょう。

〈会話〉
- 犬まで来てくれたんだから、これでかぶはぬけるはずじゃ。
- この犬は、私が前から大切に育ててきた犬よ。とても力持ちなの。
- はやくかぶをぬいて、みんなでおなかいっぱい食べたいな。
- かぶをぬくのに協力したら、犬の僕にも分けてくれるかな。楽しみ楽しみ。

〈動作〉
- こうやってもっと強く持って、おもいっきり引っ張ろうよ。

　出てきた登場人物になりきって、動作化させて、想像を膨らませるようにします。その際、挿絵を拡大し、登場人物たちの会話を吹き出しで書き込むように子どもの発言を板書で整理します。また動作についても「どうしてそうしたのか」を問い、理由をその子に話させます。

③ねこまでやってきたとき、どんなふうにかぶをぬこうとしたのか考えてみましょう。

〈会話〉
- いつもけんかしているけど、このかぶをぬくのにねこの君の力もかしておくれ。
- 犬はこわいけど、私もこのかぶを食べてみたいな。

〈動作〉
- 犬はこわいからしっぽをもとうかな。

　ねこ役の子を加えて、会話や動きを引き出します。

3 本時の評価

　登場人物の行動を具体的に想像できているか、活動時の子どもの発言に注目します。

○思考・判断・表現

　登場人物たちが、どんな様子だったかについて、会話等を具体的に想像できたか。

1年 おおきなかぶ

| 精査・解釈 | **4 登場人物の行動を読み取ろう④** |

　物語の展開に沿って、登場人物の行動を具体的に想像していくことをねらいとします。最後の場面では、ねずみがやってきて、ようやくかぶがぬけます。そのときの登場人物たちの様子を想像します。

1 目標

　大きなかぶがぬけたときの登場人物たちの行動や様子を具体的に想像することができる。

2 授業展開

最後にかぶがぬけるまでの場面を音読する
①みんなで音読をしましょう。

- かぶがぬけてよかった。
- 「やっと」のところをもっと強く言いたいな。
- 「○○が○○をひっぱって～」のところがこんなに長くなっておもしろいな。

　くり返しの言葉を音読する楽しさを味わいながら、「やっと」という言葉に込められた意味も考えるとよいでしょう。

登場人物の行動を想像する
②かぶがぬけたとき、おじいさんたちは、どんな様子でしたか。

〈会話〉
- やったぁ！　ばんざぁい！
- みんなで力を合わせたからだね。
- みんなでお祝いのパーティをしようよ。
- みんなでおどろうよ。
- これからも仲良くしていこうね。
- かぶのおかげでみんな仲良くなったね。
- このかぶを早く食べようよ。おなかがすいたよ。
- とびきり大きな包丁とかお皿がいるね。
- なんだか食べるのももったいない気がす

るよ。
- 体の中の力を全部使ったよ。もうへとへとだよ。

〈動作〉
- 手をつないで踊り出す。
- 抱き合って飛び跳ねる。

　この時間もこれまでと同様の学び方で進みます。反復することで、物語を読むための学びの方法が子どもたちに定着されます。学び方を学び、それを知識として身につけ、別の学習材と出合ったときにも、それをもう一度行うことができるようにしていきます。

3 本時の評価

　登場人物の行動を具体的に想像できているか、活動時の子どもの発言に注目します。
○思考・判断・表現
　登場人物たちが、どんな様子だったかについて、会話等を具体的に想像できたか。

考えの形成／共有 **❶ 学んだことを思い出して、短い劇をつくろう**

　ここまで読んできたことを確かめながら、役割を決めて劇をつくります。形式的にならずに柔らかい雰囲気の中で劇づくりを楽しむ活動を通して、学んだことをさらに自分の経験とつなげたり、みんなで共有したりします。

1 目標

　役割を決め、せりふを加えて、大きなかぶの劇をつくり発表する。

2 授業展開

劇にするために自分の役割を決める

①大きなかぶには誰が出てきましたか。確かめながら、役を決めましょう。
- 僕はおじいさんをやりたいな。
- 私は、ナレーターがいいな。

劇をつくろう

②出てくるときに、必ずせりふを1つ言うようにして、自分たちの「おおきなかぶ」の劇をつくりましょう。
- 私は何かするときに「がんばるぞ」って心の中で思うから、まごの役でも「がんばるぞ」って言いたいな。
- 僕は、おじいさんは食いしん坊だと思うから「かぶを食べたい！」って大きな声で言いたいな。
- ねずみが来たのは、ねこにおどかされたのかも。「ねこはこわいけどがんばるぞ」って言いたいな。
- クラスでもみんな仲良しだから、かぶをぬいたあとにみんなで手をつなぎたいな。

　ここでは、劇の完成度よりも、劇づくりの過程で、どのような考えを子どもがもつかが大切です。ここまでの学びや自分の読み、経験と重ねて、子どもの考えたことを聞いて、認めることが大事です。学びを振り返る手立てとして、2～5時までに使った挿絵の拡大図（子どもたちの発言を吹き出しでまとめたもの）を教室内に掲示しておくとよいでしょう。

③できた劇をグループごとに発表しましょう。
- ○○さんのやったねこは動きが本物のねこみたいだなぁ。
- ○○君がやったおじいさんのせりふは、僕の考えるおじいさんとは少しちがっておもしろいな。
- 劇を作るといろいろ想像できて楽しいな。

　これまでの学習とつながる発言や受容的な発言について、教師が積極的にほめて価値づけることが大事です。また、2文程度で学習感想を書かせてもよいでしょう。みんなで学ぶ楽しさを感じさせながら、授業を終えるようにしましょう。

3 本時の評価

　この単元を通して、感じたことやわかったことを伝えているか、子どもの発言や、ワークシートの感想を見ます。

○思考・判断・表現

　「おおきなかぶ」の活動を通して、自分が感じたことやわかったことを伝えることができたか。

ワークシートの記入例(第1時/第2時)

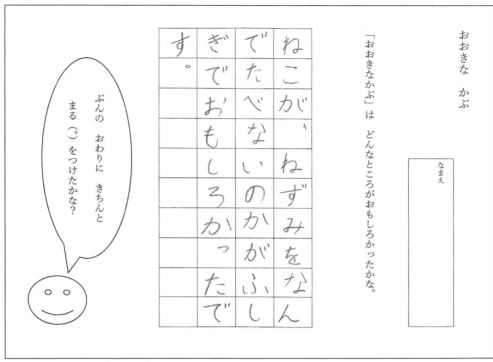

ワークシートの記入例(第1時)

ワークシートの記入例(第2時)

2年
お手紙 （光村図書）

場面ごとにお話を読み、お気に入りの場面を発表しよう

[土屋晴裕]

単元目標
文章を場面ごと読んでいくことを通して、物語の展開のおもしろさに気づいたり、次の場面を想像しながら読んだりすることができる。

知識及び技能
- 登場人物の様子に気をつけて、会話文を**音読**することができる。

思考力、判断力、表現力等
- 場面の様子や登場人物の行動など、内容の大体を捉えることができる。
- 自分のお気に入りの場面について紹介することを通して、感じたことなどを**共有**することができる。

学びに向かう力、人間性等
- 次の場面を想像しながら、物語を読むことを楽しもうとする。
- あらすじをまとめたり、お気に入りの場面発表会をしたりする際に、グループのみんなと協力して学習に取り組もうとする。

この単元では、場面ごとに学習していくことで、「次の場面で、お手紙が届くのかな」「お手紙がやっと届いてよかったね」と、次の場面を想像して物語を読むことを楽しんだり、長い物語を短く区切って子どもの意識を集中させたりすることをねらっています。そういった「受信」の部分に加え、お気に入りの場面を発表するという「発信」の部分も大切にしています。

1 「お手紙」で育てたい資質・能力

知識及び技能としては、本文の大部分が会話で進んでいることから、地の文をヒントにしながら、この「会話文」は誰の言葉なのかを、しっかり確認しながら読み進めることができるようにしていきます。

思考力、判断力、表現力等としては、まずお話の内容を受けとめる、すなわち「受信」の部分と、自分のお気に入りの場面を発表するという「発信」の部分の両面を大切にします。

受信については、場面ごと読むことによって、それぞれの場面のあらすじを捉えさせたいと考えます。あらすじを捉えるには、お話の内容を理解し、適切にまとめる力が必要です。

発信については、個で考えをまとめていきます。場面ごとにまとめたあらすじを用いながら、なぜその場面が気に入ったのか、自分なりの思いを伝えられるようにしていきます。

学びに向かう力、人間性等としては、単にお話を切り取られた場面ごとに受容していくのではなく、「2場面はこんなお話だったから、3場面はこんなお話になるような気がする」、こういった発言とともに、次の場面を想像しながら読むという、主体的な読み手を育てられるようにします。

本単元では、言語活動として、お気に入りの場面を発表するという活動を設定しました。これによって、文学作品を読む目的を明確にします。同じ学習を進めてきた友だちだけでなく、子どもの保護者に対して伝える場を設けたことで、よりわかりやすく伝えたいという思いが醸成され、主体的な学びとなっていくことが期待されます。

2 資質・能力を育てる言語活動の工夫

①ポイント

あらすじをまとめるという言語活動が、2年生にとっては少し難しい学習活動です。そのため、一斉学習で作成したり、グループや個で作成したりと、活動の単位に幅をもたせます。

②ゴールとなる活動・発表会

あらすじが5場面まで出そろったところで、自分のお気に入りの場面を伝えるために発表の準備に入ります。発表会は、同じ学習を積んできた友だちに対してだけでなく、保護者に対しても実施するようにし、子どもたちが学びの達成感や有用感を得られるようにします。

③教材研究

がまくんとかえるくんのやり取りが、会話文を通して生き生きと描かれています。この物語は5つの場面で描かれていますが、2場面以外は、すべてがまくんとかえるくんの関係によって描かれています。2人の言動をていねいに読み、また、次の場面の展開を予想しながら読んでいくことで、お話を楽しみながら読むことができる作品です。

3 主体的・対話的で深い学びの実現に向けて

○主体的な学び

場面ごとに物語を読むことによって、「次の場面を早く読みたい」という、文学作品に対する意識を継続させていきます。

お気に入りの場面を発表するという言語活動を設定したことで、文学を読む目的が明確となり、学習に対し前向きに取り組む子どもの姿を見とることができます。

○対話的な学び

あらすじをまとめたり、発表会を行ったりする活動において、グループ学習を基本に行っていきます。特に、あらすじをまとめるときには、一人で完成させることは困難であり、友だちと関わる必然性が生じます。

○深い学び

あらすじをまとめたり、自分の考えをもったりする際に、叙述を生かすことができるようにします。「大いそぎで」「ふしあわせな気もち」などの言葉や表現で、立ち止まって考えさせます。

4 資質・能力を評価する手立て

○知識・技能

がまくんの「ああ」という言葉をどのように音読するか等、音読を通して登場人物の気持ちを考えられているかを見とります。

○思考・判断・表現

あらすじの作成段階、お気に入りの場面をまとめる段階、いずれもノートに書かれたもので評価します。あらすじでは、キーワードを落とさずにまとめられているか、お気に入りの場面については、授業での学びをもとに表現されているかを見とります。

○主体的に学習に取り組む態度

場面ごとに読みを進めていく際に、次の場面の展開を想像しながら読んでいるかを、授業中の発言や、振り返りの記述をもとに評価します。

また、お気に入りの場面を発表する段階では、友だちの発表を共通点や相違点を見つけながら聞き、仲間と学ぶ楽しさを感じられているかどうかを、ノートの記述を通して評価していきます。

〈単元の授業過程〉

次	時間	学習過程	学習活動	身につける資質・能力
第1次	6時間	(見通し) 構造と内容の把握	✿ 各場面ごとに物語を読む。 ✿ 読んだ場面における、がまくんとかえるくんの言動や様子を読み取る。 ✿ 読み取ったことをもとに、場面ごとにあらすじをまとめる。 ✿ 5場面について、会話文を想像し、音読劇を行う。	● あらすじをまとめるときに大事なことを理解する。(知識・技能) ● 読み取ったことをもとに、あらすじをまとめたり、5場面の台本を作ったりする。(思考・判断・表現) ● 次の場面を想像しながら読んだり、仲間と協力して音読劇をしたりして、楽しんで物語を読もうとする。(主体的に学習に取り組む態度)
第2次	2時間	考えの形成	✿ 各場面の学習でまとめたあらすじを読んだり、挿絵を見たりして、自分のお気に入りの場面を決定する。 ✿ お気に入りの場面について、その根拠も含めてノートに書き表す。	● お気に入りの場面について、根拠を示して説明する。(思考・判断・表現)
第2次	2時間	共有	✿ グループの仲間に、自分のお気に入りの場面を発表する。 ✿ 発表を聞いて思ったこと(共通点や相違点)などを書き留める。 ✿ 保護者の方に、自分のお気に入りの場面を発表する。	● 自分と友だちの発表を比べて、共通点や相違点を考えようとする。(主体的に学習に取り組む態度)
第3次	1時間	振り返り	✿ 物語の内容や学習方法について振り返る。 ✿ 「もう少しがんばりたいこと」や「次にやってみたいこと」をノートに書く。	● 自分の学習について「できたこと」や「できなかったこと」、「わかったこと」などを振り返り、次の学習への意欲をもつ。(主体的に学習に取り組む態度)

2年 お手紙

構造と内容の把握 ①
1 場面を読み、登場人物の関係を読み取ろう

単元の第1時です。今回の単元では、いきなり場面を区切って、1場面のみ子どもたちに読み聞かせます。その後、わかったことを発表させる中で登場人物について確認したり、人物の関係について整理したりします。1場面ではそれぞれの状況や立場を明確にするため、あらすじをまとめる活動は取っていませんが、次の場面を読みたいという意欲をもたせます。

1 目標

物語の1場面を読んで、登場人物を確認したり、設定を読み取ったりすることができる。

2 授業展開

登場人物を確認する

①先生が読んだお話を聞いてわかったことを発表しましょう。
・がまくんは、お手紙をまっている。
・がまくんは、いちども、お手紙をもらったことがない。
・かえるくんは、がまくんといっしょに、かなしい気分でげんかんの前にすわっていたけれど、「家へ帰らなくっちゃ」って言って帰った。

「このお話には誰が出てきましたか」と問うのではなく、お話を聞いてわかったことを発表させる中で、登場人物が確認できます。また、その人物がしたことや気持ちも整理することができます。

②ここまでのお話で、がまくんとかえるくんそれぞれでだいじなことを整理しましょう。

がまくん
・お手紙をまっている。
・かなしい顔をしている。
・お手紙をまつ時間になると、いつもふしあわせな気もちになる。
・いちどもお手紙をもらったことがない。

かえるくん
・がまくんのところに来て、がまくんがかなしそうな顔をしているわけを聞いた。
・がまくんがいちどもお手紙をもらったことがないのを聞いておどろいた。
・「しなくちゃいけないことが、あるんだ」と言って帰った。

たくさん出てきた中で大事な情報を整理します。そのことによって、がまくん、かえるくん、それぞれの置かれている状況や立場が明確になります。

③次の場面はどんなお話になりますか。
・かえるくんが言っていた「しなくちゃいけないこと」が何かはっきりすると思う。

お話の展開を予想しながら読むことによって、今後の読書活動でも、読むことを楽しめる子どもを育成できます。

3 本時の評価

第1時では、物語を読んで、感想などを自由に語らせることを重視します。発表できた子に対しては発言内容をもとに評価します。一方で、発表に対し苦手意識をもっている子どもへの評価方法として、授業の終末に、ノートへ学習感想を書かせます。

○**主体的に学習に取り組む態度**
物語を読んだり、友だちの発表を聞いたりする中で、わかったことやふしぎに思ったことを表現しようとしているか。

第3章 資質・能力を育てる「文学的な文章」の授業

構造と内容の把握 ２

２場面を読み、かえるくんがしたことを短くまとめよう

　第２時は、がまくんのためにお手紙を書いてあげたかえるくんの様子について書かれた２場面を学習します。「かたつむりくん」という新しい登場人物はいますが、かえるくんの行動を中心に書かれた場面ですから、気持ちが表れた言葉を入れながら、あらすじをまとめる学習を行っています。

１ 目標

　２場面の内容についてあらすじをまとめる学習を通して、かえるくんのがまくんへの思いを読み取ることができる。

２ 授業展開

あらすじをまとめる

①この場面はどんなことが書かれていますか。
- かえるくんが家に帰って、がまくんへお手紙を書いた。
- かえるくんが書き終わったお手紙を、知り合いのかたつむりくんに、がまくんの家のゆうびんうけに入れてもらうおねがいをした。

　まず、２場面でのかえるくんの行動を確認します。挿絵も使い、順序立ててかえるくんの行動を押さえるようにします。

②この場面から、かえるくんのどんな気もちがわかりますか。
- 「大いそぎで家へ帰りました」だから、お手紙をいちどももらったことのないがまくんに早くお手紙を書こうという気もちがわかります。
- 「家からとび出しました」なので、お手紙を書きおわったらすぐに出しに行こうという気もちがわかります。
- かたつむりくんにお手紙をわたしたのは、自分でがまくんにわたしてしまったら、がまくんがよろこんでくれないかもしれないと思ったからだと思います。

　あらすじをまとめる際に、行動のみ順序を確認するのではなく、かえるくんの思いが表れた言葉を含めてまとめ、今後の展開に生かしていきたいので、気持ちを読み取る活動をはさみます。

③あらすじをまとめましょう。
- 大いそぎで家に帰ったかえるくんは、がまくんのためにお手紙を書いて、書きおわったらすぐに知り合いのかたつむりくんにお手紙をわたしました。

　あらすじをまとめる活動が、子どもたちにとって初めての活動であるため、板書を活用しながら、みんなで意見を出し、まとめて完成させるようにします。次時以降はグループや個人でまとめるということも伝えて、主体的に学習活動に関われるようにします。

３ 本時の評価

　本時も一斉学習が中心となります。よって、授業中の見とりが大事です。しかし、個の学びを確認し、次時以降につなげていくために、終末に振り返りを書かせます。振り返りでは、「①あらすじをまとめるときに大事なことは何ですか」「②次の時間にあらすじをまとめられそうですか。ふあんなことはありますか」という２点を書かせます。

○知識・技能
　あらすじをまとめるときに大事なことを理解することができたか。

2年 お手紙

構造と内容の把握 ③

3場面を読み、2人の気持ちのちがいをまとめよう

　第3時で扱う3場面は、がまくんとかえるくんの気持ちのすれ違いが鮮明に描かれています。がまくんのことを気遣い、がまくんに手紙を書いたことをあえて言わずに、でも、手紙が来ると思うから期待して、と言動を通して伝えようとするかえるくん。かえるくんが手紙を書いたことなどつゆ知らず、どうせ手紙なんて来るはずないと言い張るがまくん。その気持ちのズレを、がまくん、かえるくんそれぞれでまとめることで、違いを明確にしていく時間です。

1 目標

　がまくん、かえるくんそれぞれの言動を読み取ることを通して、2人の気持ちのズレを明らかにすることができる。

2 授業展開

言動を読み取る

①3人組で、3場面を音読してみましょう。がまくんとかえるくんの言葉は、どのように読んだらいいですか。
　・かえるくんは、よびかけるように読む。
　・がまくんは、すねているように読む。
　音読によって、どのような気持ちで読んだのかということを整理してみると、がまくんとかえるくんの気持ちをまとめる活動がしやすくなります。

②がまくんとかえるくんの気持ちをまとめましょう。
　・かえるくんは、「もうじき手紙が来るから、がまくんかなしい顔をしないで」というつもりで、やさしい気もち。
　・がまくんは、「どうせ手紙なんてこないよ」と思っていて、かえるくんが何を言ってもきかない、すねている感じ。
　音読でわかった気持ちを発表させて、あらすじをまとめる際に活用します。

③まとめたことを生かして、あらすじをまとめましょう。

　・3場面では、がまくんの家に帰ってきたかえるくんは、「もうじき手紙が来るから、がまくんかなしい顔をしないで」というやさしい気もちでした。でも、がまくんは、「どうせ手紙なんてこないよ」と思っているので、かえるくんが何を言ってもきかずにすねていて、2人の気もちがすれちがっている場面です。

　下線部を共通にして、間を埋めていくようにあらすじをまとめます。

3 本時の評価

　まとめたあらすじで評価します。授業中に話し合ったことをもとにして、空欄を埋める形でノートに書かせるので、きちんとしたあらすじになっているかどうかを見とります。

○思考・判断・表現
　2人の気持ちのズレがわかるように、あらすじをまとめることができたか。

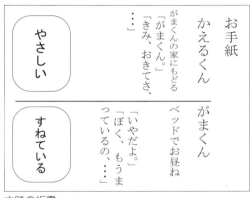

本時の板書

第3章　資質・能力を育てる「文学的な文章」の授業

| 構造と内容の把握 ４ | ## ４場面を読み、２人の気持ちが だんだんと近づいていく様子を読もう |

　がまくんは、かえるくんの様子がおかしいことに気づきます。かえるくんもしびれを切らし、ついに、がまくんに手紙を書いたことを言ってしまいます。この場面では、がまくんのせりふである「ああ」の読み方を検討することでがまくんの気持ちの変容を捉える実践が多くありますが、今回はその前のせりふ「きみが」「お手紙に、なんて書いたの」も大事にし、３場面同様、音読から、がまくんの気持ちを考えていきます。

１ 目標

　音読を通して、がまくんの気持ちの変化を読み取ることができる。

２ 授業展開

４場面を音読しよう

①役割を決めて音読しましょう。がまくん役の人は、せりふをどのような気持ちを込めて読みましたか。
　・「かえるくん、どうして、（中略）見ているの」は、ふしぎだなという気持ち。
　・「でも、来やしないよ」は、３場面みたいにすねた感じ。
　・「きみが」は、びっくりした感じ。
　・「お手紙に、なんて書いたの」は、まだ本当かどうか疑っている感じ。
　・「ああ」「とてもいいお手紙だ」は、感動していると思う。

　がまくん、かえるくん、ナレーターと３人で役を割り振って音読させます。音読に気持ちが表れるので、どんな気持ちで読むのか、１度読んで終わりではなく、少しの時間それぞれ練習してから合わせてみるようにすると、よりよい音読活動になります。そして、４場面では、がまくんに視点を当てて、気持ちの変容を捉えるようにします。

②かえるくんが「だって、ぼくが、きみにお手紙出したんだもの」と言ったあとのがまくんの気持ちを話し合いましょう。
　・初めはびっくりしたと思う。
　・「なんて書いたの」は、疑っているのもあると思うけど、がまくんはこれまでに一度もお手紙をもらったことがないって言っていたから、お手紙がとどく前に早く知りたいなと、期待していると思う。
　・「ああ」はお手紙がくるだけでもうれしいのに、「親友」って書いてもらえて、すごくうれしいということが伝わってきます。

　４場面の途中までふてくされたようになっていたがまくんの気持ちが一気に高揚していく様子を読み取らせます。

③４場面はどんなお話でしたか。
　・お手紙の話が出て、２人がなかよくなったお話。

　本時の振り返りとして、短い言葉でまとめさせます。

３ 本時の評価

　話し合い活動のあと、かえるくんが「だって、ぼくが、きみにお手紙出したんだもの」と言ったあとのがまくんの気持ちについて、個々でノートにまとめる活動を行い、記述内容で評価します。

〇思考・判断・表現

　かえるくんに手紙を出したことを伝えられたり、手紙の内容を聞いたりしたがまくんの気持ちの変化をまとめることができたか。

2年 お手紙

構造と内容の把握 ⑤ 会話文を考えて、音読劇をしてみよう

　5場面として設定した部分には、会話文は1つもありません。お手紙が来るのを2人で座って待っている部分、かたつむりくんが来てがまくんにお手紙を渡す部分、「しあわせな気もちで」「とてもよろこびました」と、気持ちを説明する表現は書かれていますが、それまでの場面とは違う構成を取っています。そこで、子どもたちに「がまくんとかえるくんは、どんなお話をして待っていたんだろうね」など、会話文を想像させるような問いかけをすることで、お話を想像しながら読む楽しさを感じさせ、実際に会話文を作って演じることで、これまでの物語の締めくくりを子どもたちとともに作っていきたいと思います。

1 目標

　これまでの場面や、5場面のト書きを読んで会話文を想像することを通して、登場人物の気持ちを考えることができる。

2 授業展開

会話文を考え、劇の台本を作る

①お手紙が来るのを待っているとき、がまくんとかえるくんはどんなことを話していたのですか。
　・（がま）すてきなお手紙をありがとう。
　・（かえる）がまくんによろこんでもらえて、お手紙を出してよかった。
「ふたりとも、とてもしあわせな気もちで」という表現を生かして考えさせます。

②かたつむりくんがついて、がまくんにお手紙をわたしたとき、3人はどんなことを話していたのですか。
　・（かえる）かたつむりくん。待っていたよ。
　・（かたつむり）おそくなって、ごめんね。
　・（がま）かたつむりくん、ありがとう。かえるくん、あけるね。本当だ！　かえるくんが教えてくれたのと同じだ。いいお手紙だ。かえるくん、ありがとう。

かたつむりくんのせりふも入れて、少し長い劇を想像してもよいですね。お話を想像して、物語を楽しむという経験が、この学習を通してできると、今後の文学的文章の学習への意欲にもつながります。

③できあがった台本をもとに、音読劇をしましょう。
　・お面があるとわかりやすいから、お面を作りたい。
　・本番をほかの人たちにも見せたい。

　物語を作るという活動自体が主体的な学びにつながりますが、さらに、お面を作るという準備に関わること、また発表の場を考えさせることも、学習をより主体的なものにする要因となります。

3 本時の評価

　台本作りの場面では、まずは個人で作成するようにします。その考えをグループで持ち寄り、1つの台本に仕上げていきます。
　音読劇の練習、本番では、仲間と協力して活動できているか、また、演技の様子について評価します。

○思考・判断・表現
　既習事項を生かして、5場面の台本作りをすることができたか。

○主体的に学習に取り組む態度
　仲間と協力して、よりよい音読劇を作ろうとしているか。

第3章　資質・能力を育てる「文学的な文章」の授業

構造と内容の把握 ⑥ 会話文を考えて、音読劇をしてみよう

　第5時で作成した台本をもとに、音読劇の練習や本番の発表会を行います。前半は、前時の確認をするためにグループ活動の時間を設定し、「台本のチェック」「練習」「リハーサル」をします。「台本のチェック」については、前時のうちに教師がいったん台本を集めて、目を通しておくと、スムーズに進みます。「練習」は時間を決めて、各グループで行い、「リハーサル」は全グループ一斉に読むことで行うようにします。後半の発表会は、教室の前方に発表グループを来させて、聞き手は発表を聞いて、そのグループが「がんばっていたこと」「よかったところ」「工夫していたところ」を見つけて、発表後に伝えてあげる場を設けていきます。ほかのグループのよさを見つける中で、前時に考えた人物の関係を改めて考えられるような発表会にしていきます。

1 目標

　5場面の音読劇を通して、登場人物の関係性についての考えを深めることができる。

2 授業展開

①音読劇の準備をしましょう。
- 「台本チェック」3分、「練習」10分、「リハーサル」2分　計15分

　前時のうちに台本が完成できていないグループは、休み時間等を使って完成させておきます。同様に、お面等の音読以外の準備も、休み時間等に自分たちで行わせます。

　今回のねらいは、あくまで音読を通して、人物の関係を捉えていくことですので、たとえお面等を自分たちで準備することができなくても、ほかのグループの物を借りて対応させ、音読に集中できるようにします。

　音読の練習は、家庭学習でも行います。この場での練習は、グループのみんなで合わせて通し練習をする、ということを子どもたちに伝え、効率よく進めます。

②発表会をしましょう。
- Aグループは、がまくんのうれしそうな様子が、表情や声でよく伝わってきたよ。
- Bグループは、僕たちとちょっとちがって、かえるくんが安心している感じがした。
- Cグループは、なぜ、かたつむりくんがあやまっているようにしたのですか。

　各グループの発表のあと、聞き手に感想や質問を求めます。教師はそこで出てきた意見を板書します。

③お手紙をわたせたときのかえるくんとかたつむりくんの気持ちをまとめましょう。
- かえるくんは、やっとお手紙をわたせてほっとしたと思います。
- かたつむりくんは、おそくなってごめんねという気持ちだと思います。

　文章の終わりに「がまくんは、とてもよろこびました」という記述はありますが、かえるくんとかたつむりくんに関する記述はありませんので、そこを考えることで音読発表のまとめとします。また、この記述を5場面の学習の振り返りとして位置づけ、改めてあらすじをとることはしません。

3 本時の評価

　音読の様子と最後のまとめで評価します。
○思考・判断・表現
　登場人物の気持ちが伝わるように音読したり、人物の気持ちを自分の言葉でまとめたりすることができたか。

2年 お手紙

考えの形成 **① お気に入りの場面を紹介しよう①**

　これまで場面ごとに読んできた物語を1つの作品として捉え、1つの作品の中で自分が気に入った場面を紹介する言語活動を行います。ここでは、各場面で学習したことをもとにしてお話の内容を振り返ります。お話の内容を気に入ったという子どもだけでなく、あらすじを捉えたり、台本を作ったりしたという学習活動を気に入ったと捉える子どもがいるかもしれません。そういう場合も、「内容でない」からという理由で再検討させるのではなく、学習活動を挙げたうえで、そこで学んだ物語の内容についてもふれさせるようにすることで、子どもたちの学びに向かう意欲は継続されます。

1 目標

　物語の内容や学習事項を振り返ることを通して、物語のお気に入りの場面を紹介する文を書くことができる。

2 授業展開

お気に入りの場面について書く

①本文を読み直したり、学習したことを振り返ったりして、「お手紙」のお気に入りの場面を、1つ決めましょう。

・私は2場面がすきです。なぜかというと、がまくんのためにかえるくんがお手紙を書いてあげるのがすてきだからです。

・僕のお気に入りの場面は5場面です。なぜかというと、みんなで台本を作ってえんじてみたら、すごくたのしかったからです。

　まずは、お気に入りの場面を1つ決めて、理由とともに話させるようにします。自分の立場を明確にしておくことで、次の書く活動にスムーズに入ることができます。よって、一斉の場で発表させるだけでなく、ペア活動などを通して、必ず全員に話させるようにします。

②お気に入りの場面を紹介する文章を書きましょう。

> 　ぼくのお気に入りの場めんは、三場めんです。
> 　三場めんでは、がまくんにお手紙を書いたかえるくんと、まだ手紙なんか来るはずがないと思っているがまくんの、気もちのすれちがいが書かれています。
> 　この場めんを読んで、手紙を書いたことを言わないようにしながら、がまくんにたのしい気もちになってほしいとがんばるかえるくんが、とてもすてきだなと思いました。
> 　ぼくも、このお話を読んで、友だちのために何かしてあげられる人になりたいなと思います。

原稿例

③書いた文章を読む練習をしましょう。

・おうちの人にも読んであげたいな。

　後にグループごと発表会を行うことは伝えますが、ほかにも伝えたい人がいるかを子どもに問うようにしてもよいと思います。

3 本時の評価

　本時と次時の2時間で原稿完成と読む練習をします。本時では自分の考えが形成できたかを評価し、文章表記等の推敲は次時で行うため評価の対象とはしません。

○思考・判断・表現

　学習したことを生かして、自分のお気に入りの場面を紹介する文章を作成することができたか。

第3章　資質・能力を育てる「文学的な文章」の授業

考えの形成 **② お気に入りの場面を紹介しよう②**

　前時に書いた文章を、自分で読み返したりとなりの席の子どもに読んだりして、文章の質を高めます。推敲を行うことで、誤記を訂正するだけでなく、書き手のお気に入りの理由がしっかり伝わる文章かどうかをしっかり評価し、付け加えたり書き直したりして、文章を完成させます。

1 目標

　お気に入りの場面を紹介するために書いた文章を推敲する活動を通して、お気に入りの理由が明確に書かれた文章に仕上げることができる。

2 授業展開

紹介文を推敲してよりよい文章にする

①自分で文章を読み返しましょう。
- 「かえるくんは」の「は」が「わ」になってしまったから書き直そう。
- あらすじが長いから短くしよう。

　原稿用紙に書かれた文を自分で訂正する、あるいは書き加えるときは、赤えんぴつを用いて、原稿用紙に直接書き込みます。長く文章を訂正する場合は、ピンク色の付箋紙を用いて訂正箇所に貼り付けるようにすると、直したことがわかりやすくなります。

②となりの席の子と読み合いましょう。
- 書き直したら、あらすじが読みやすくなったよ。
- まだ、なんで5場面が好きなのかがちょっとわかりにくいです。
- おわりの文がくふうされていていいと思いました。

　読んで思ったことやアドバイスを、水色の付箋紙に書いて、原稿用紙に貼り付けて書き手に返します。

　子どもたちの中から、ほかの子にも読んでもらってアドバイスが欲しいということであれば、次回発表会を行うグループ以外の子どもに読んでもらうのもいいですね。あえて発表グループの子に読んでもらっても、「あ、前回と変わったね！」と言ってもらえるのも、子どもにとってうれしいものでしょう。子どもの実態に応じて判断されるとよいと思います。

③アドバイスをもとに、文章を清書しましょう。
- 終わりをどんなふうに書くといいかなあ。
- アドバイスをもらうことができて、自分でもすごく読みやすくなった気がする。

　書字に困難さを抱える子どもに対しては、パソコンで書かせてあげたり、教師が話を聞きとって書いたりするなど、書くことがいやになってしまわないような工夫をされるとよいです。

3 本時の評価

　推敲して清書した文章で評価します。また、推敲の活動中に書いた水色の付箋紙を「主体的に学習に取り組む態度」の観点で評価します。

○思考・判断・表現

　推敲を通して、その場面が気に入った理由を、根拠を明確に示して書くことができたか。

○主体的に学習に取り組む態度

　友だちの文章を読んで感じたことや助言を積極的に伝えようとしているか。

2年 お手紙

共有 ❶❷ お気に入りの場面を伝えよう

　前時で完成し、読む練習をした文章をグループで伝える活動を行います。後半の活動で、保護者の方を学校に呼んで実施することが難しい場合は、家庭学習として実施することも可能です。本時は、発表の時間、感想を記入する時間をそれぞれしっかり確保するために、2時間続きの授業を設定できることが理想です。子ども同士のグループ発表会を先に行い、休憩を挟んで保護者向けの発表会をすることで、2回発表のチャンスがあります。そのため、1回目の発表がじょうずにできなかったという子どもも、もう1回発表することができます。そのため、やる気がわいたり、「2回目はうまく発表できた！」と達成感をもたせたりする発表会となることが期待できます。

1 目標

　自分のお気に入りの場面を伝える活動を通して、友だちのお気に入りの場面を知ったり、学習の価値づけをしてもらったりすることができる。

2 授業展開

お気に入りの場面発表会

①グループで発表会をしましょう。

〈発表会の場づくり〉

※普段の教室よりも広めの教室で行うことができると理想的です。なるべく声が重ならないようにグループを配置します。
　・お気に入りの場面がみんなバラバラだな。
　・Aさんと同じ場面がお気に入りだったけれど、理由がちがっておもしろいな。

　4、5人のグループを編成して発表会を行います。子どもには、1人の発表終了後、感想や質問の時間を取るように伝えます。その後、聞き手は、発表の内容をよく聞いて、気づいたことをノートにメモするようにします。ノートに書くときには、発表のしかたを評価するのではなく、「お気に入りの場面が自分と同じだったかどうか」また、「その理由を聞いて思ったこと」について書かせるようにします。

```
（Aさん）のはっぴょうを聞いて
○同じところ
　五場めんがお気に入り
◇ちがうところ
　ぼくは、がまくんがお手紙をもらえてよかったからと書いたけど、Aさんは、四日もたってかたつむりくんがきて、やっとお手紙をもらえたから、と書いていたところ。
・聞いて思ったこと
　かたつむりくんがゆうびんやさんでよかったのかもしれないと思った。
```
ノートの記入例①

②保護者の方に発表を聞いてもらいましょう。

　・学習したことがよくわかったよ、とお母さんにほめてもらえたよ。
　・Bさんのお母さんに、文がよく書けているねと言われてうれしかったです。

　グループごとにブースを設けて、多数の保護者の方に評価してもらえるようにしたいと思います。保護者の方にも感想カードを渡し、感想を自由に記入してもらい、子どもたちに還元したいと思います。普段、家庭で学校の様子を話す子どもは多いと思いますが、学習したことを伝える子は少ないように思います。そこで、学習について保護者の方に価値づけてもらえたことで、さらにこれから「勉

第3章　資質・能力を育てる「文学的な文章」の授業

強をがんばろう！」という意欲につながっていけたらと考えます。

3 本時の評価

　発信者としての評価は、前時に原稿を通してしています。よって、本時では、受信者として、友だちの発表を聞いて、どのようなことを感じたのかをノートに書かせて評価の資料としたいと思います。
　書かせる項目としては、「友だちの発表を聞いて気づいたこと」としますが、そのままだと、「Cくんとお気に入りの場面が同じだった」で終わってしまいます。よって、その先で述べられている理由について気づいたことを記述させるように指示をしておきます。
○**主体的に学習に取り組む態度**
　友だちの発表を聞いて気づいた共通点や相違点について、ノートに書こうとしているか。

（Bさん）のはっぴょうを聞いて
○同じところ
　二場めんがお気に入り
◇ちがうところ
　わたしは、かえるくんが一生けんめいでいいなとしか書かなかったけれど、Bさんは、お手紙をかたつむりくんにわたしたことも書いてあったところ。
・聞いて思ったこと
　Bさんとはちがういけんだったけれど、同じ場めんがすきでよかった。

ノートの記入例②

（Cさん）のはっぴょうを聞いて
○同じところ
　四場めんがお気に入り
◇ちがうところ
　Cくんは、かえるくんはずっと言わない方がよかったと言っていたところ。
・聞いて思ったこと
　もし、かえるくんが、かたつむりくんの来るまで手紙のことを言わないでいたら、このお話はどうなったんだろうと気になった。

ノートの記入例③

2年 お手紙

> 振り返り ① **学習全体を振り返ろう**

　本単元で身につけた力を、子どもたちに自覚させるような時間としたいと思います。そして、次の単元に向けての意欲づけにしていく時間とします。

1 目標

　単元全体の学びを振り返ることを通して、物語の読み方や学習の進め方について自覚し、次の学習に向けての意欲をもとうとしている。

2 授業展開

学習を振り返る

①「お手紙」全体を読み直しましょう。
- 場面ごとに読んだから、お話の内容がすごくわかりやすかった。
- 全部で読むと、「ふーん、そうなんだ」で終わってしまうけれど、場面で読むとじっくり読めるなって思いました。

「場面」で読むということを、子どもたちに自覚させたいと思います。そして、今後の読書活動において、全体をなんとなく読むのではなく、不思議に思ったところなどで立ち止まって読む読み方を実践できたらよいと思います。

②学習したことを確認しましょう。
- 2場面は、かえるくんの行動や気持ちを勉強して、あらすじをまとめたね。
- 3場面は、がまくんとかえるくんの気持ちがすれちがっていることを音読して確認したね。
- 5場面では、会話文が書いてなかったけれど、自分たちで台本を作って音読劇をすることができたよ。

学習したことを振り返り、こんなことができるようになったということを板書して、子どもたちの自覚を促します。学習方略として子どもたちが獲得したものとして、学級内に掲示しておくのもよいでしょう。今後の学習で、自分からその方略を使って学習を進められる子どもを育成することができれば、自己学習力や自己調整力を身につけたと言えるのではないでしょうか。

③もう少しがんばりたいこと、次にやってみたいことを書きましょう。
- あらすじがうまくまとめられなかったので、次の学習では自分でまとめたい。
- 「お手紙」のお話だったら、このあと、がまくんとかえるくん（、かたつむりくん）がどんな友だちになったのか、お話のつづきを書いてみたい。

単元の最後の時間であるとともに、次の学習につなげていく大事な1時間です。よって、このようなことを書いて終わらせることで、主体性がより身につき、教師側もその子どもの思いをくんで、次の単元を作っていくこともできます。

3 本時の評価

　最後に書かせた「もう少しがんばりたいこと、次にやってみたいこと」で評価します。本単元の学びを継続させる、発展させるような記述ができているかどうかが大事です。
○主体的に学習に取り組む態度
　本単元の学びを生かして、今後の学習への意欲を述べようとしているか。

第3章　資質・能力を育てる「文学的な文章」の授業

3年
モチモチの木 (光村図書)
変身作文で物語を読もう

[大塚健太郎]

単元目標
変身作文を書くことを通して、物語を読んで考えた物語世界を伝え合おう。

知識及び技能
- 様子や行動、気持ちや性格を表す語句の量を増やすことができる。

思考力、判断力、表現力等
- 登場人物の気持ちの変化や性格、情景について、場面の移り変わりと結びつけて具体的に想像することができる。
- 文章を読んで感じたことや考えたことを共有し、一人ひとりの感じ方などに違いがあることに気づくことができる。

学びに向かう力、人間性等
- 登場人物の気持ちの変化や性格、情景について興味をもち、視点人物以外からも物語を読み味わおうとする。

　さまざまな人物の視点から読むことで、人物関係や気持ちのつながりを考えたり、描かれていない情景・心情を想像したりできる読書生活者になってほしいと願います。そのために、物語を多面的に捉え、考えたことを共有できるように、変身作文（じさまの視点で物語を書いていく）に取り組みます。

1 「モチモチの木」で育てたい資質・能力

　知識及び技能としては、登場人物の様子や行動、気持ちや性格を表す語句の量を増やしていくことで、豊かな人物像や人間関係、また、情景や場面の移り変わりといったものが、表情豊かに想像できるようになるのです。また、国語辞典や挿絵などを使い、語彙の拡充を図ることが望まれます。

　思考力、判断力、表現力等としては、叙述を基に登場人物の行動や気持ちについて捉えますが、登場人物の様子や行動、気持ちや性格を表す語句の量を増やしていくと、豊かな人物像や人間関係を、情景や場面の移り変わりと結びつけて具体的に想像できるようになります。つまり、叙述に書かれた言葉の関係性から思考し判断した人物の気持ちや性格を確定させることができます。

　学びに向かう力、人間性等としては、叙述にある視点人物以外の視点からも、物語を再構築する変身作文を書くことで、文学的文章を読むことの楽しみ方を増やしていきます。中学年となり、中心人物の視点からのみ言動を追いかける読み方から、物語の読み方に広がりをもたせ、幅広い読書生活者となる態度育成もねらっています。

2 資質・能力を育てる言語活動の工夫

①ポイント

　物語を読み味わえるようになるには、叙述に書かれていることだけを想像できればいいというわけではありません。書かれていない場面や中心人物以外からの視点でも想像できるようになることが、豊かに物語世界を読み味わえるようになるために必要です。そのた

めに、様子や行動、気持ちや性格を表す語句を手がかりとして変身作文に表現することで、他者と物語解釈を共有することができます。そのことで、自分だけの読みの世界に閉じこもるのではなく、一人ひとりの感じ方の違いに気づき、読みが更新され想像した物語世界が深まったり広がったりします。

②ゴールとなる活動・変身作文

変身作文とは、今回の場合、じさまの視点から物語を想像したことを、「モチモチの木」の文章表現に合わせて、物語を書き足すことです。中心人物の豆太の性格や気持ちの変化を追う一方で、じさまは何を考え、豆太のことをどう見ているか。また、豆太が医者様を呼びに行っている間は、どんな様子であったかを想像することで、豆太の性格や物語の見方が変化し、物語世界を楽しむ幅が広がります。また、その想像を変身作文に書き表すには、文体をまねるなど、細部をていねいに読む必要に迫られます。

③教材研究

じさまの腹痛は偶然なのか。気弱な豆太の行く末を案じた芝居なのか。叙述だけでは判断がつきません。この人物像の捉えが違うと「モチモチの木」の見え方は大きく変わります。もちろん、どちらの読みをしても基本の「じさまの豆太への愛情あふれる思い」は変わりませんが、叙述をどのように解釈するかでじさま像が大きく変わるため、一人ひとりの感じ方の違いをはっきりさせるにはぴったりな物語です。豆太の弱虫の部分を優しく見つめるじさまの豆太に対する言葉かけや地の文の豆太への愛情ある表現を重ねれば重ねるほど、じさまの性格や言動を素直に信じて読み進める子と勘ぐってしまう子とに、分かれてきます。

3 主体的・対話的で深い学びの実現に向けて

○主体的な学び

物語全体に流れるじさまの豆太への愛情という構図を崩さず読み進めていくことが大前提であります。しかし、じさまの腹痛は偶然か芝居かについては、本人の解釈に委ねることで主体的な学びにつながります。

○対話的な学び

子どもたちにとってわかりやすい対立軸(じさまの腹痛は偶然か芝居か)をつくることで、それぞれの立場を立証しようと真剣にテキストと対話し、その結果を友だちと対話し確かめようと本気の対話が生まれます。

○深い学び

自分の解釈に常に揺さぶりがかかる対話を通して、自分の読みに自信がもてたり相手の解釈に納得し翻って物語を読み直したりと、この思考の試行錯誤が自分の読みを更新させます。この行為を楽しみながら行うために変身作文を導入し、その達成に向かいます。

4 資質・能力を評価する手立て

○知識・技能

根拠となる叙述の主述や修飾関係に誤りがないか、発言ごとに確認します。

○思考・判断・表現

自分の解釈を主張するだけではなく、違う立場の意見を聞き、立場に寄り添いながら解釈を理解し自分の解釈を更新しているかを、ワークシートの記述から確認します。

○主体的に学習に取り組む態度

変身作文を自分の解釈をもとに楽しみながら書いていたり、できあがりの作品の感想交流を楽しんだりしているか、判断します。

〈単元の授業過程〉

次	時間	学習過程	学習活動	身につける資質・能力
第1次	2時間	学習を構想する	❀物語と出合い、物語を読むということの意味を振り返る。 ❀初発の感想を交流し、学習計画を立てる。	●学習の見通しをもち、変身作文を書いて、物語を読むことの意味を問い直す活動に興味をもつ。（主体的に学習に取り組む態度）
第2次	1時間	構造と内容の把握①	❀場面1・2について、豆太の言動を読み取る。	●様子や行動を表す語彙を増やし、叙述を基に登場人物の行動を捉える。（知識・技能）
第2次	1時間	精査・解釈①	❀場面ごとの豆太の言動から、心情を想像し、気持ちの移り変わりを追う。	●気持ちや性格を表す語彙を増やし、場面の移り変わりと結びつけて登場人物の気持ちの変化や情景について想像する。（思考・判断・表現）
第2次	2時間	考えの形成①	❀じさまの視点から場面1・2の変身作文を書く。 ❀変身作文を書くこつを確認する。 ❀自分のじさま像を確認する。	●場面1・2を読んで捉えた登場人物の気持ちや性格を変身作文に生かして表現する。（思考・判断・表現）
第3次	1時間	構造と内容の把握②	❀場面3・4・5について、豆太とじさまの言動について読み取る。	●様子や行動を表す語彙を増やし、叙述を基に登場人物の行動を捉える。（知識・技能）
第3次	2時間	精査・解釈②	❀場面ごとの豆太とじさまの言動から、心情を想像し、気持ちの移り変わりを追う。	●気持ちや性格を表す語彙を増やし、場面の移り変わりと結びつけて登場人物の気持ちの変化や情景について想像する。（思考・判断・表現）
第3次	2時間	考えの形成②	❀じさまの視点から場面4の変身作文を書く。 ❀物語の解釈を確認する。	●場面3・4・5を読んで捉えた登場人物の気持ちや性格を変身作文に生かして表現する。（思考・判断・表現）
第4次	2時間	共有 （振り返り）	❀できあがった変身作文を交流し、感想を述べ合う。 ❀物語を読むことの楽しみ方について振り返る。	●表現した変身作文の立場を尊重し、読み取った物語世界の違いを共有する。（主体的に学習に取り組む態度）

3年 モチモチの木

学習を構想する ① **物語を読むという行為を考えよう**

　物語を読むとはどういう行為なのかを、今までの学習から振り返ります。その後、初発の感想をまとめます。物語を読むことができたという自覚をもたせ、次時に意欲をつなげます。

1 目標

　物語を読むということがどんな行為なのか考えながら、初読の感想をもつことができる。

2 授業展開

物語を読む行為について考える

①今まで、国語の時間にどんな物語を読んできましたか。
- ・スイミー
- ・おおきなかぶ
- ・くじらぐも
- ・お手紙
- ・スーホの白い馬

　たくさん読んできた自信を味わうことでこれからも、もっとたくさん読書をしたいという気持ちを盛り上げます。

②どんなとき、物語を読めたと思いますか。
- ・登場人物の行動や気持ちを読み取れたとき。
- ・場面の様子が想像できて、移り変わりがわかったとき。
- ・自分の気持ちと登場人物の気持ちを比べられたとき。

　物語の学習を振り返り、どのような読む力が獲得されているか振り返ります。先ほど挙がったいくつかの物語を具体的に振り返ってもよいと思います。

新たな作品と出合う

③「モチモチの木」をこれから読みます。読み終わったら、初発の感想をまとめます。
　場面の区切りや人物の様子が想像しやすいように、立ち止まりながら読み聞かせを進めます。時には、間を置いて、場面を想像したり、言葉の意味を補ったりして、ゆったりとした雰囲気の中、物語世界に誘います。

読み聞かせを聞いて感想をノートにまとめる

　豆太、じさま、モチモチの木といった視点で感想を整理します。

④国語の学習を振り返りましたが、「モチモチの木」でもできましたか。その点について振り返りを書きましょう。
- ・誰が話の中心かを意識してお話を聞くことができました。
- ・モチモチの木がどんな木なのか、考えて聞けました。
- ・場面の移り変わりを意識し聞けました。
- ・自分と比べ豆太は勇気があると思います。
- ・じさまがいると安心してしまう豆太の気持ちがわかりました。
- ・私なら、冬の山道を1人で医者様を呼びに行くことはできないと思います。

3 本時の評価

　初発の感想をノートにまとめ、物語にどのような興味・関心をもっているか判断します。また、読書行為についてどれだけ振り返ることができたかを本時の振り返り記述や態度によって「主体的に学習に取り組む態度」を評価します。

〇主体的に学習に取り組む態度
　物語が読めたという状態を知り、その姿に向かおうとしているか。

第3章　資質・能力を育てる「文学的な文章」の授業

学習を構想する ② **学習計画を立てよう**

子どもたちの学習感想と変身作文を出合わせ、学習計画を立てます。物語を読む楽しさを視点という観点から獲得していく期待感をもたせます。

1 目標

変身作文を書くというゴールに向かう学習計画を立てることができる。

2 授業展開

学習感想の交流をする

①前時の学習感想を一覧にしてみました。ちょっと読んでみましょう。
- 豆太について書いている人が多いなあ。
- ○○くんと同じ感想だね。

感想を発表し分類していく

②感想を分類してみましょう。

〈豆太〉
- 5歳の豆太が1人で医者様を呼びに行った勇気はすごいと思います。
- 私は、1人で呼びに行けないなあ。
- 夜1人でしょうべんに行くのは、やっぱり怖いと思います。

〈じさま〉
- 弱虫すぎて困っている気がします。
- 本当におなかが痛くなったのかなあ。仮病だったらどうする？
- モチモチの木に灯がともると、じさまも言われて、勇気を出したのかもしれないな。

〈モチモチの木〉
- 私もモチモチの木を実際に見てみたい。きれいだろうなあ。
- モチモチの木の言い伝えは、本当かなあ。

〈その他〉
- 医者様はじさまと話を合わせているかも。

たくさん出た中から学習計画を立てていくと、みんなで学習しているようになります。

感想から学習計画を立てる

③豆太の感想が多いですが、どうしてですか。
- 豆太が中心のお話だから。
- 豆太から書かれている。

視点という学習用語を与え、語り手と登場人物の心情を区別するように意識させます。

④じさまから見たらどのように書かれるのでしょうか。違った視点から物語を読むっておもしろくありませんか（変身作文を書くことを提案する）。
- 豆太が医者様を迎えに行っている間、じさまが何をしていたか考えるってこと？

変身作文は、事前に書くことの単元で慣れ親しんでおくことが大切です。

⑤どのように学習を進めるか計画を立てましょう。
- 変身作文の書き方を確認したい。
- 場面ごとに、ちゃんと読めているか確認して進めたい。

⑥今日は登場人物と場面の切れ目を簡単に確認し、次から場面ごとに読み進めていって、最後に変身作文を書くことにします。

⑦では、「じさまになろうモチモチの木」という単元名でいいですか。

3 本時の評価

○主体的に学習に取り組む態度

感想の交流や、学習計画を立てるときに、積極的に取り組もうとしているか。

3年 モチモチの木

構造と内容の把握①　1　お話の設定を読み取ろう

物語を読むうえで場面1・2は、語り手が物語の設定をしている場面であることに、視点を与えて気づかせ、物語の全体像をつかむための枠組みを作っていきます。

1 目標

豆太とじさまの普段の様子を読み取ることができる。

2 授業展開

学習場面を確認する

①学習場面を確認するために読みますので、登場人物や場面の様子を想像しましょう。

読み聞かせを聞き、本時の範囲を確認したら、自分のペースで黙読し、わからない言葉は国語辞典で調べる環境と時間を与えます。

豆太とじさまの普段の行動を読み取る

②主語を確認して、豆太とじさまの行動をノートに書き出しましょう。

〈豆太〉
・真夜中に眠っているじさまを起こして、トイレに行く。
・小屋の前に生えるでっかい木にモチモチの木と名前をつけた。
・「やい、木い、モチモチの木い、実い落とせぇ」といばっているが、夜になると臆病者になってしまう。
・じさまに抱えてもらうが、「シー」と言ってもらわないとしょうべんが出ない。

〈じさま〉
・真夜中に豆太に起こされ、トイレについて行かされる。
・布団をぬらされるよりましだ。
・峠の小屋に豆太と2人で暮らしているので、豆太がかわいそうでかわいかった。
・豆太だけどうして臆病なのか。
・モチモチの木の実を使っておいしい餅を作っている。
・膝の中に豆太を抱えてしょうべんをさせてあげている。

主語を確認して、その行動が豆太かじさまかを確認させることで、主述の関係が読めるようになるし、変身作文を書くための空白に気づくようになります。

視点を確認する

③場面1・2は誰の目から書かれていますか。
・豆太？　じさま？　あっ、ナレーターだ。

語り手という学習用語を教え確認することで、視点の意識がはっきりして、読み取りやすくなります。

④語り手とは、どんな役割を果たしますか。
・場面の説明。
・天から見ている。
・お話を進める役割。
・人物の様子を見た目で説明している。

語り手の役割を子どもたちとともに確認しながら、場面1・2は、物語設定であることを確認します。

振り返りをノートにまとめる

3 本時の評価

振り返りのノートの記述から判断します。
○知識・技能
様子や行動、気持ちや性格を表す語を手がかりに、本時の場面が物語の設定場面であることが理解できているか。

第3章　資質・能力を育てる「文学的な文章」の授業　125

| 精査・解釈① | **1 豆太とじさまの様子を読み取ろう** |

　場面1・2は、現在のことではなく物語の場面設定が書かれていることに気づかせ、これからの物語世界の土台を作り、登場人物の気持ちや性格にせまります。

1 目標

　場面1から豆太とじさまの気持ちや性格を読み取ることができる。

2 授業展開

前時に読み取った人物の普段の様子や性格を想像してワークシートにまとめる

　個人で読み取らせるときには、読み誤りがないか、この時点で確認しながら進めます。

ワークシートに書いたことを発表する

①登場人物がどんな人物であるか読み取っていきましょう。

〈豆太〉
- 1人で夜中にトイレにいけないので臆病者ですが、5歳じゃしょうがないと思います。
- モチモチの木なんて名前をつけるところから、明るいときは活発な男の子です。
- 昼間はいばっている子です。
- 夜は苦手。
- 「実ぃ、落とせぇ」なんてモチモチの木にいばっているやんちゃ坊主。
- 父とは似ていないで臆病者。
- 山の猟師小屋にじさまと2人で暮らしていて、友だちがいないので、自然やじさまが遊び相手。
- モチモチの木と名づけるくらい、じさまの作ってくれる餅を楽しみにしている心優しい子。

〈じさま〉
- 豆太に起こされると、いっしょについて行ってくれる優しい人。
- 豆太がかわいくて仕方ない。
- 豆太の喜ぶ顔を見たくてよく働く。
- 今でも現役の猟師で強い。

発表交流したことから2人の人物の気持ちや性格をワークシートにまとめる

②今日の交流から、2人はどんな人か想像できましたか。ワークシートにまとめましょう。

発表交流後、ワークシートにまとめる

3 本時の評価

　ワークシートに自分の言葉で2人の人物像がまとめられているかどうか。互いの関係性までもが書けていればA評価となるでしょう。
○思考・判断・表現
　豆太とじさまの行動や気持ちを関係づけてワークシートに書くことができたか。

3年 モチモチの木

考えの形成① **1 変身作文を書いてみよう**

変身作文の書き方を確認して、じさまの視点で場面1・2を書き、物語世界を楽しみます。

1 目標

変身作文の書き方を理解して、じさま視点の物語を楽しみながら書くことができる。

2 授業展開

変身作文を書くこつを探す

①今回はじさまから見た普段の様子を書きます。どこを書くといいですか。
　・昼と夜の場面がいいです。豆太に違いがあるからです。
　・餅をついているところがいいと思います。
　・しょうべんに起こされる場面がいいです。

普段の場面の昼と夜の豆太の違いをじさまはどのように見ているか、前時までの人物像から想像を広げて物語を書きます。

②「モチモチの木」だから、じさまの会話や豆太の言葉はそのまま使った方がいいですね。ほかには、どんなことに気をつけますか。
　・昔話みたいに、斎藤隆介さんの書き方をまねて書いた方が、楽しいと思います。

場面の様子や心情を豊かに想像できる文にするために、様子や行動、気持ちや性格を表す言葉を手がかりに、その効果を事前に確認しておくとよいでしょう（たとえば、「小屋のすぐ前に立っている、でっかいでっかい木だ」の「でっかいでっかい」という言葉）。

変身作文を書く

③では、こつを使って場面1・2の変身作文を書いてみましょう。

すらすら書きはじめている子ではなく、固まっている子を中心に机間指導します。

④たとえば、じさまが豆太に起こされたら、なんと声を出すでしょうか。
　・「豆太、今日もかあ」

⑤そうですね。いつものことだからですね。「ねしょうべんされちゃあかなわないからなあ、なんて言うかもね」と、書き出しの場面を会話してあげるとよいでしょう。

　じさまは、ぐっすり眠っている真夜中でも、豆太が、
　「じさまあ。」
とよぶ声がかすかに聞こえると、あぁ、今日もか、まあ、かわいい豆太のことだからなと、目をさますのであった。
　「しょんべんか。」
　本当は、一人でできるのがいちばんだが、一枚しかないふとんを、ぬらされちまうよりいいからな。しかし、なんとかならんものかのう。

変身作文①の例

3 本時の評価

変身作文の視点がじさまになっていること。そして、場面設定が本文と同じになっていることが大切です。細かい書きぶりより、物語設定と人物像がずれずに捉えられているかで、物語が読めているか評価します。

○知識・技能

様子や行動、気持ちや性格を表す言葉を手がかりに、変身作文がじさまの視点で書けたか。

考えの形成① **2 変身作文を交流してじさまになろう**

前時に書いた変身作文を交流して、読みの確認をするとともに、それぞれの描いたじさまの人物像をお互いに読んで楽しみましょう。

1 目標

描かれている視点から変えて想像を広げることで、考えたことや感想をもつことができる。

2 授業展開

変身作文を交流する

①前回書いた変身作文をお互いに読み合いましょう。読み終えたら、付箋に感想を書いて貼ってあげましょう。

②じさまの人物像を自分と比べて感想を書いたり、書きぶりのよいところを見つけて感想を書いてあげましょう。

自分の作品はノートに書いてあるので、机に広げ、友だちの作品を読みに行って感想を付箋に書く

付箋の少ない子に誘導してあげ、複数の子から感想がもらえるように交通整理をします。

付箋に書かれた感想を読む
変身作文を交流した感想を振り返る

③感想を読んでどう思いましたか。

・じさまの気持ちがよくわかった。
・ちょっと自分の変身作文に自信がなかったけど、じょうずって書かれてうれしかった。
・変身作文の書き方がわかってきた。
・もっと書きたい。
・じさまの気持ちを想像するのが難しかった。

3 本時の評価

変身作文の交流をすることで、同じじさまでも描き方や気持ちの捉え方が違うことがわかることが大切です。また、交流することで、自己を表現するための自信をつけることが大切です。

○思考・判断・表現

物語を読んで考えた変身作文を読み合い、感想をもつことができたか。

> じさまが豆太を心配している様子がよくわかります。やっぱり、かわいい豆太なんだなあと思います。

付箋の感想例①

> ふとんの心配をしているようで、やっぱり豆太がかわいいんだなあと感じられますね。わたしも、同じじさまの様子を書きましたよ。いっしょだね。

付箋の感想例②

3年 モチモチの木

| 構造と内容の把握② | ❶ お話の展開を読み取ろう |

物語が動き出す場面3・4の豆太とじさまの行動や気持ちを叙述を基に読み取ります。

1 目標

豆太とじさまの行動や気持ちを叙述を基に読み取ることができる。

2 授業展開

学習場面を確認する

①学習場面を音読しますので、場面の様子や登場人物の気持ちを考えて聞きましょう。

教師の音読を聞いた後、自分で黙読します。必要ならば、国語辞典でわからない言葉を調べさせます。

場面3の豆太の言動を抜き出し、そのときの心情を想像して、ノートにまとめる

②場面3から、豆太のしたこととしゃべったことを抜き出し、そのときの気持ちを考えてノートにまとめましょう。

場面3のじさまの言動を抜き出し、そのときの心情を想像して、ノートにまとめる

③場面3から、じさまのしたこととしゃべったことを抜き出し、そのときの気持ちを考えてノートにまとめましょう。

②と③は連続してもよいし、分けてもよいです。言動を正しく抜き出せているか確認してから、そのときの気持ちを考えさせましょう。

場面4の豆太の言動を抜き出し、そのときの心情を想像して、ノートにまとめる

④場面4から、豆太のしたこととしゃべったことを抜き出し、そのときの気持ちを考えてノートにまとめましょう。

場面4のじさまの言動を抜き出し、そのときの心情を想像して、ノートにまとめる

⑤場面4から、じさまのしたこととしゃべったことを抜き出し、そのときの気持ちを考えてノートにまとめましょう。

場面3と場面4を続けて考えることで、医者様を呼びに行っている間のじさまの行動が書かれていないことに気づいたり、つなげて考えることで、じさまの人物像の違いがはっきりしたりします。

3 本時の評価

ノートに豆太とじさまの言動を抜き出せているかです。本文の言葉そのままでもよいですが、徐々に「話した」や「言った」など、動作語にまとめていかせたいです。

「豆太は、はじめっからあきらめて、ふとんにもぐりこむと、じさまのたばこくさいむね中に鼻をおしつけて、よいの口からねてしまった」➡「ふとんにもぐりこみ、じさまのむねに鼻をおしつけて、よいの口からねてしまった」

○思考・判断・表現

豆太とじさまの行動や気持ちを叙述から読み取ることができたか。

第3章 資質・能力を育てる「文学的な文章」の授業 129

| 精査・解釈② | ❶ お互いにどんな気持ちでいるか考えよう

前時に作ったノートを基に、豆太とじさまがどのような気持ちで行動したのか意見交換します。じさまの腹痛が偶然か芝居かの意見が分かれるところをていねいに確認していきましょう。

1 目標

豆太とじさまの気持ちの変化を、場面の移り変わりと結びつけて具体的に想像できる。

2 授業展開

ノートにまとめたことを発表し、交流する

①それぞれどんな気持ちだったか、考えたことを発表してください。

【場面3】
〈豆太〉
・ちっちゃい声と書いてあるので、自分も見たいし、悔しいなあ。
・でも、やっぱり1人でよる見に行くのは無理だ。あきらめよう。
・どうして昼間じゃ見えないのだろう。

〈じさま〉
・自分も豆太の父も見たとなれば、見たいと勇気を出すと思ったんだが。
・豆太、がんばってみろ。神様が味方してくれるはずじゃ。

モチモチの木に灯がともる話をどう捉えるかで、じさまの人物像が分かれるが、豆太を思う気持ちは同じであることを確認します。

【場面4】
〈豆太〉
・じさまが死んじゃう。怖いとか言ってられない。
・大好きなじさまが苦しんでいるんだ。おらだってがんばらなきゃ。でも、怖い。
・痛い。足から血が出てるよ。もう少しで、医者様のところだ。走れ。
・のんびりしてないで、医者様、早くしておくれ。じさまが死んでしまうよ。

〈じさま〉
・頼む、豆太。何とか、無事に医者様のところまで行ってくれ。
・弱虫の豆太が飛び出ていったぞ。何とか山の神様よ。見守ってやってくれ。
・うまくいったぞ。豆太のやつ、飛び出ていったわい。これで自信がつくわい。
・わしの芝居も捨てたもんじゃない。あとは医者様うまくやってくれよ。
・豆太よ、こうでもしなければ、夜の山道なんぞに飛び出んだろう。強くなるために、ちょっと厳しかったかのう。
・豆太、乗り越えてくれ。おまえに一人前になってほしいんじゃ。

じさまの気持ちは2つの立場に分かれて整理していくとわかりやすいです。この部分は、今までどのようにじさま像を描いてきたかが問われ、また自由に描ける空白の部分であることを、確認することができます。

3 本時の評価

豆太は、じさまを助けたい一心であることを理解し、じさまの腹痛は偶然か芝居かの立場をはっきりさせて、気持ちが具体的に想像できているかです。

○思考・判断・表現

場面と結びつけて2人の気持ちの変化を具体的に想像できたか。

3年 モチモチの木

精査・解釈② **② 2人の関係をまとめよう**

場面5は、お話の後日談です。この部分はお話を通して、じさまと豆太をどう捉えたかを反映する大切な場面です。今までの学習経験を生かして1時間で行動と気持ちの両方をまとめます。

1 目標

モチモチの木を見た晩の後日談として、叙述を基にじさまと豆太の行動や気持ちを、まとめることができる。

2 授業展開

学習場面を確認する

①学習場面を音読しますので、場面の様子や登場人物の気持ちを考えて聞きましょう。

教師の音読を聞いたあと、自分で黙読します。必要ならば、国語辞典でわからない言葉を調べさせます。

次の朝、2人はどのような気持ちで会話しているか、想像してノートにまとめる

②次の朝、2人はどんな気持ちでこの言葉を言っているでしょうか。ノートに想像したことをまとめましょう。

ノートにまとめたことを発表する

③まとめたことを発表してください。

〈豆太〉
- じさまの腹痛が治った。よかった。死んじゃうかと思ったよ。昨日見たのは、山の神様の祭りだったのかなあ。
- もう、あんな怖い思いをするのはごめんだよ。じさま、元気でいてね。
- これで今夜も安心してしょうべんに行けるよ。じさま、よろしく。

〈じさま〉
- 豆太、本当に助かったよ。お前もやるときはやるなあ。見直したぞ。
- もうこれで、弱虫卒業じゃな。夜、起こされることはなくなるだろう。
- いや、計画どおりにいってよかった。しかし、芝居だったことは、豆太には秘密にしておかねばな。
- 芝居でも何でもいい。豆太が勇気のある子だってことが証明されたんだ。

今までの2人の気持ちの変化を考えて、お話をまとめる

④物語の最後として、どんな気持ちをつけ加えるかな。今までの学習を振り返って考えましょう。
- えっ、あんな山道を1人で医者様を呼びに行けたのに、夜のしょうべんはだめか。
- じさまの芝居も水の泡だったとさ。
- 豆太は弱虫じゃないがねしょうべんだけは、だめなんだな。
- じさま、まだまだかわいい豆太じゃな。

じさまの気持ちや性格をどのように捉えたかによって、まとめの気持ちも変わってきます。そのゆれを認めてやり、どの立場で話を楽しんだかを確認します。

3 本時の評価

今までの学習をまとめて、起承転結の結をまとめられているか。自分と友だちの読みの立場を区別して理解し、尊重した態度が取れたうえで気持ちを想像できているかです。

○思考・判断・表現

じさまの気持ちや性格を今までの学習と結びつけ、具体的に想像できたか。

| 考えの形成② | **1 変身作文でじさまを表現しよう**

豆太が医者様を呼びに行っている間のじさまの様子を変身作文でまとめます。表現することで、じさまと豆太の関係性を再確認することができます。

1 目標

自分の想像したじさまをお話の中に登場させて楽しむことができる。

2 授業展開

学習場面を確認する黙読をする
①空白の時間はいつからいつまでなのか確認しながら、1度お話を読みましょう。

じさまの人物像を自分がどう描いてきたか振り返る
②ノートを振り返り、表現するじさま像を確認しましょう。

場面4の変身作文を書く
③じさまになって豆太がいない間の行動の様子、気持ちの移り変わりがわかるように、変身作文を書きましょう。

いつもなら、ねしょんべんに起こしに来ることろだったが、今日に限って、豆太は起きて来ない。よっぽど山の祭りのことがくやしいのか。
突然、くまのうなり声が聞こえた。びっくりして目を覚ました豆太だったが、暗くてよく見えない。
「じさまあっ。」
むちゅうでじさまにしがみつこうとしたが、じさまがいない。

子どもの作品②

豆太が飛び出していったあと、
「しばいするのも、楽じゃないのう。」
じさまは、むくっと起き上がった。
「これで、弱虫を卒業できるといいんだが。医者様、うまくやってくれよ。」
じさまは、痛くて転げ回っていたように、ふとんをわざとけ飛ばした。
「山道でけがをせんで帰ってくるだろうか。ちょっと、厳しすぎたかのう。いや、これくらいせんといかん。」

子どもの作品③

3 本時の評価

じさま像を決め、表現をまねして変身作文を書けているかです。
○思考・判断・表現
今までの学習で捉えた物語世界に基づいて、じさまを描いて、変身作文が書けたか。

さあ、おらはがんばるぞと思った。おらは豆太が勇気をもつためにわざと腹を痛めるふりをこれからする。うまくいってくれるといいんじゃが、いよいよだ。おらは、わざとくまのひくいうなり声のまねをした。
そうしたら、豆太が、
「じさまあっ。」
と声を上げて、わしにしがみついてきた。
「豆太。腹が痛え。動けん。」
そうして、苦しそうに転がった。
「じさまぁ。どうしよう。」

子どもの作品①

できあがった変身作文を読み返し、2人の関係性をまとめよう

考えの形成②

　変身作文を書きまとめられるということは、2人の関係性を読み取れたということであります。お互いにどんな存在であるのかを関係図にまとめて物語の評価をさせましょう。

1 目標

　2人の関係性をまとめることで、物語の評価ができる。

2 授業展開

書き上げた変身作文を読み返す

①自分が描きたかったじさまが書けているか確認するために、作文を読み返しましょう。

　自分がどんなじさまを描きたかったのかを確認しながら読み返します。

自分のじさまをグループに紹介する

②どんなじさまが登場するかグループのみんなに紹介しましょう。

- じさまががんばって芝居をする姿が伝わっているかな。
- 豆太に一人前になってほしいと思っているじさまを描きました。
- 芝居もわかるけど、かわいい豆太にそこまでするかなあ。やっぱり偶然だよね。でも、本当に暗い山道に飛び出ていった豆太を心配しただろうから、その様子を書きました。

感想やアドバイスをもらう

③全体に読んでもらう前に、直した方がいいところをグループの仲間にアドバイスをもらいましょう。でも、全部受け入れる必要はありません。自分が、納得できたものだけを取り入れて書き直しましょう。

- じさまの言葉遣いを教科書とそろえた方がいいと思うよ。
- 峠の猟師小屋だから、もっとぼろそうじゃないのかなあ。
- 猟師の道具が転がっているのがいいね。
- おなかが痛いのに豆太を心配しているじさまってかっこいいね。
- ここはかぎかっこを使った方がいいと思うよ。

アドバイスを受けて、書き直す

④最後に、豆太とじさまの関係を図にまとめて終わりましょう。

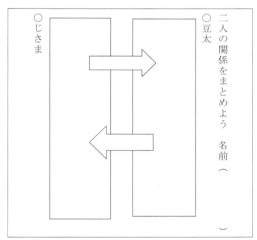

豆太とじさまの関係図

3 本時の評価

　学習の前半にまとめた、豆太とじさまの関係性も含めて、詳しく書き込めているか（項目数だけでなく、具体的な想像となっているかも確認すること）です。

○思考・判断・表現

　2人の関係を、今までの学習をふまえてまとめることができたか。

共有 ① 変身作文を読み合って感想交流をしよう

　じさまの腹痛が偶然か芝居かという解釈の違う物語を読み味わい、感じ方の違いを受け入れるとともに、物語を読むことの奥深さを知る時間としていきたいです。

1 目標
　同じ物語を読んでも一人ひとりの感じ方が違うことを理解し、読み味わえること。

2 授業展開

変身作文を読み合う

①変身作文を読み合って感想を交流しましょう。よかったところにシールを貼って、付箋に感想を残していきましょう。

〈子どもたちが読んでいるときの声かけ例〉
〈10人は読めるかな〉
〈じさまの立場の違う人の作品も読んでね〉
〈男女の違いも出てくるかも〉
〈空いている人（ノート）のをどんどん読んでね〉

〈子どもたちの感想〉
・僕は、じさまは芝居だと思うけど、偶然が重なることもあるよね。
・あのじさまが転げ回るほどおなかが痛いのに、豆太のことを心配している場面があるなんて、やっぱりかわいくて仕方ない感じが伝わるね。
・私も芝居するじさまを書いたよ。読み比べてみてね。

・じさまの芝居する様子がいいね。このせりふにシールを貼ろう。

よかったところにシールを貼る

付箋に書かれた感想を読む

②自分の作品に書かれた感想を読み、学習の振り返りをしましょう。
・自分のじさまの場面にシールが貼られていて、自信になった。
・友だちの書き方が参考になったので、次は書き換えたい。
・自分のを読むのも楽しかったけど、友だちの作品を読むのが楽しかった。
・人それぞれのじさまがいて、楽しかった。

3 本時の評価

○思考・判断・表現
　同じ作品から違うじさま像が描けることのおもしろさに気づき振り返りが書けていたか。

変身作文を読み合って感想を交流する

3年 モチモチの木

| 共 有 | 2 | 読書履歴を振り返って、ほかにもチャレンジしてみよう |

　変身作文を書くには、視点の意識が必要です。今まで見ていなかった視点から物語を読むことで、深い読みが楽しみながら可能です。今までの教材も含め振り返り、読み深めましょう。

1 目標

　物語の楽しみ方を理解してほかのお話でも変身作文を書こうと読み直すことができる。

2 授業展開

読書履歴（貸し出し履歴）を振り返る

①今まで読んできた物語で視点を変えるとおもしろそうな作品はありますか。探してみましょう。

・モチモチの木を書いた斎藤隆介の話はどうかな。
・図書館で借りた本であるかな。
・教科書でもいいですか。

T：見つかった人は読みはじめて、書き換えていいからね。

・「スイミー」だったら書けるかな。
・赤い魚たちはできるかな。
・いや、大きな魚だよ。追い出されたところなんかは書けるかも。

変身作文を書く

　大きな海で泳ぎの練習をしている赤い魚たちを見つけました。
「しめしめ、また大好物の赤い魚たちが泳いでいるぞ。」
　ゆだんさせるために、しばらくコンブのかげから見守ることにしました。
「よし、今だ。がぶっと行くぞ。」
　コンブのかげからミサイルみたいな速さで突っ込みました。
するとどうでしょう。
「なに、おれより大きな赤い魚じゃないか。うわあ、くわれる。」

「スイミー」の例

・「お手紙」はどうかな。
・ああ、かたつむりくんなんてどう？
・「すぐやるぜ」って4日かかってるもんね。でも、必死だったはずだよね。

T：教科書を貸すので、読んでできそうだったら挑戦してね。

※教科書を用意しておくとよいでしょう。

「すぐやるぜ。まかせてくれよ。」
　かたつむりくんは、自信まんまんで手紙をかえるくんから受け取りました。
　さて、手紙を受け取ったかたつむりくんは、必死に進んでいます。しかし、暑さに弱いのです。少し進んでは、水たまりを探し、体をしめらせているのでした。
「ああ、ひからびて、死んじゃうかと思ったよ。水たまりがあってよかった。」
「おっと、がまくんが待っているんだ。がんばらなくちゃ。待っててね。」

「お手紙」の例

物語を読むということの意味を振り返り、学習感想を書く

②単元のまとめとして、物語を読む楽しさが増えましたか。自分にとって物語を読むとは、どういうことか振り返りましょう。

3 本時の評価

○主体的に学習に取り組む態度

　物語の楽しみ方にはストーリーを追うだけでなく、視点を変えることで、場面や心情、関係性が深く想像できることがわかり、変身作文をほかの作品でも書こうとしているか。

4年
ごんぎつね (教育出版)

登場人物の行動や気持ちを想像しながら読み、あらすじをまとめよう

[伊藤愼悟]

単元目標
登場人物の心情の変化について友だちの読みを比較・検討しながら、自分の読みをまとめることができる。

知識及び技能
- 様子や行動、**気持ちや性格を表す語句**の量を増やすことができる。

思考力、判断力、表現力等
- 物語の全体像や登場人物の行動や気持ちなどについて叙述を基に捉える。
- 情景描写や心情を想像する言葉から、登場人物の気持ちの変化や性格、場面の移り変わりと結びつけて**具体的に想像**することができる。
- 対話を通して一人ひとりの読みの違いや考え方を理解し、**自分の考え**をまとめることができる。

学びに向かう力、人間性等
- すすんで友だちに自分の考えを伝えたり、友だちの意見を聞いて考えたりしようとする。
- 友だちの読みを比較・検討して自分の読みを深める学習活動のよさを考えようとする。

　この単元では、言葉の見方・考え方を働かせて物語の全体像を捉えさせます。サブタイトルを書いて物語を要約する言語活動は、登場人物の設定・人物像・物語の内容把握・心情の変化を読み取っていく必要があります。各自が読み取った登場人物の心情について、根拠や理由を友だちと対話します。そして、読みの違いを理解し、物語の全体像をどのように捉え直したのか、自分の考えをまとめます。

1 「ごんぎつね」で育てたい資質・能力

　知識及び技能としては、様子や行動、気持ちや性格を表す語句の量を増やすことがポイントです。高学年になると、「大造じいさんとガン」のようにさらに情景描写が盛り込まれた作品を読みます。高学年に向けた読解力の素地を養ううえで、「ごんぎつね」でも情景描写の意味を理解し、叙述をていねいに読むことは、登場人物の心情を具体的に想像する大切なアイテム（知識）であると言えます。

　思考力、判断力、表現力等としては、①物語の全体像を捉えながら、登場人物の気持ちを具体的に想像する、②自分の考えと友だちの考えを比較し、読みの違いや考え方を理解し、自分の読みをまとめることをねらいます。

　学びに向かう力、人間性等としては、対話する学習の目的を子どもも理解することです。相手を批判したり、自己主張を続けたりするのではなく、違う立場や考え方からも納得できるものを見つけ、多角的に読むことによって自分の読みを広げたり、深めたりすることにつながるというよさを子どもも感じることができるように授業を展開していくことが大切です。（読みの）立場を明確にして対話することはディベートとは違い、相手の読みの根拠や理由が物語全体を読み返すうえでの視点になることを話しておくとよいです。

2 資質・能力を育てる言語活動の工夫

①ポイント

対話は、自分の読みの立場を明確にしてから話し合いに臨みます。物語の終盤でごんが兵十に撃たれます。ここでの問いは「ごんは、ぐったりとうなずいたとき、『うれしい気持ち』と『残念な気持ち』のどちらが強かったのか」です。どちらかに自分の読みを限定して、根拠を探したり、理由を考えたりします。同じ考え同士で話し合う際には、根拠や理由をより明確にし、違う考え同士ではより納得のいく根拠や理由を比較検討していくことになります。論点がはっきりしているので、子どもたちの話し合いが活発に行われ、自分の読みを基盤とした精査・解釈がしやすくなります。

②ゴールとなる活動・サブタイトルで全体像を捉え、読み深めて、まとめていく

初読時にサブタイトルを書いて物語の全体像を捉えます。登場人物の気持ちの変化や人物像を捉えていくとサブタイトルの内容も変容します。最終的に捉え直したことをどのように表現するかが、「自分の考えの形成」としてとても重要な点です。サブタイトルだけでなく、物語の重要な分岐点や登場人物の心情の変化、相互関係も含め、画用紙１枚にまとめさせます。さらに、発表を通して共有させます。

③教材研究

償いを重ねたが、死を迎えてしまうごんの心情はどのようなものだったのでしょうか。うれしい気持ちと残念な気持ちのどちらが強かったにせよ、青い煙を見ている時点での兵十には、ごんの気持ちがどれだけ届いていたのでしょうか。「くりや松たけを届けた事実」のみわかったのか、「償いの気持ちをもっていた」ことまでわかったのか、子どもたちの間に疑問が生まれ、兵十の心情を追って物語を読み直します。登場人物に視点を当てて読む力だけでなく、物語全体像を捉える力も養います。

3 主体的・対話的で深い学びの実現に向けて

○主体的な学び

ごんの人物像を読み取る際に、「なぜ、ごんはいたずらばかりするのか」と発問すると、「どうしてだろう。さみしいからだ」「まだ、よくわからないんだよ」と子どもたちから多様な意見がでてきます。このような発問から主体的な学びにつなげていきます。また、読みの違いを楽しめる雰囲気作りも大切です。

○対話的な学び

立場を明確にした対話は、子どもたちも活発に話し合うようになります。根拠（叙述）と理由を分けて話し合いに臨ませます。

○深い学び

子どもたちは、いちばん気になる登場人物「ごん」の心情を追っていきますが、その気持ちが「兵十」に届いているか確認したくなります。対人物の行動を読み取ったり、物語の全体像を捉え直したりするなど、新たに課題を生み出していく過程が子どもたちの読みを深めていきます。

4 資質・能力を評価する手立て

○知識・技能

登場人物の様子や行動、性格や気持ちを表す語句に着目できているかを教科書に引いたサイドラインやノートの記述から確かめます。

○思考・判断・表現

登場人物の様子や行動、性格や気持ちを表す語句から具体的に想像できているか、ノートの振り返りの記述やポスターのまとめから確かめます。

○主体的に学習に取り組む態度

一人ひとりの考えの違いを比べる学習に関心をもっているかをノートの振り返りや対話をしている様子から確かめます。「よいと思った友だちの発言や自分の考えを振り返って」のように振り返りの項目も工夫して見とります。

〈単元の授業過程〉

次	時間	学習過程	学習活動	身につける資質・能力
第1次	2時間	（見通し）構造と内容の把握	✿「ごんぎつね」のサブタイトルを書いて物語の全体像を捉える。 ✿感想を交流し、物語の全体像を捉え、学習の見通しをもつ。	● 登場人物の行動や気持ちなどについて叙述を基に捉える。（思考・判断・表現） ● 学習の見通しをもち、文章中の言葉や表現などに興味をもつ。（主体的に学習に取り組む態度）
第2次	5時間	精査・解釈①	✿ごんと兵十の行動から２人の性格を読み取る。 ✿なぜ、ごんの気持ちや行動が変わったのか考える。 ✿兵十と加助の会話を聞こうとしたごんの気持ちを考える。 ✿ごんはぐったりと目をつぶったままうなずいたとき、うれしい気持ちと残念な気持ちのどちらが強かったのか考える。 ✿異なる読みの友だちと話し合って考え、わかったことをまとめる。	● 様子や行動、気持ちや性格を表す語句の量を増やす。（知識・理解） ● 心情を想像する言葉から、登場人物の気持ちの変化や性格、場面の移り変わりと結びつけて具体的に想像する。（思考・判断・表現） ● 対話を通して一人ひとりの読みの違いや考え方を理解する。（思考・判断・表現） ● すすんで友だちに自分の考えを伝えたり、友だちの意見を聞いて考えたりしようとする。（主体的に学習に取り組む態度）
	2時間	精査・解釈②	✿兵十の側から物語を読み直す。 ✿兵十はごんの気持ちをどれだけわかっていたのか考える。	● 心情を想像する言葉から、登場人物の気持ちの変化や性格、場面の移り変わりと結びつけて具体的に想像する。（思考・判断・表現）
第3次	2時間	考えの形成	✿物語の全体像を捉え直し、印象に残った登場人物の心情やその変化なども含め、ポスターにまとめる。 ✿ポスターセッションの準備。	● 文章を読んで理解したことに基づいて、自分の考えを広げたり深めたりする。（思考・判断・表現）
	1時間	共有（振り返り）	✿ポスターセッションをして、友だちに質問したり感想を伝えたりする。	● 友だちの読みを比較・検討して自分の読みを深める学習活動のよさを考えようとする。（主体的に学習に取り組む態度）

4年 ごんぎつね

| 構造と内容の把握 | ❶ |
物語にサブタイトルをつけよう

「ごんぎつね」の物語を初読したあと、大体の内容を把握するためにもサブタイトルを書く活動を設定します。単元の終盤で、自分の読みの深まりを確認するための物差しにも使います。

1 目標

「ごんぎつね」のサブタイトルを書いて物語の全体像を捉えることができる。

2 授業展開

物語の大体の内容を捉える

①どんな登場人物が出てきましたか。
・きつねのごん
・兵十
・加助
・兵十のおっかあ(葬式の様子や会話から)

物語の内容をつかませるために、各登場人物がどのようなことをしていたか確認させます。

②登場人物を主語にしてサブタイトルを書きましょう。
・ごんの贈り物
・いたずらをやめた話
・最後は撃たれてしまった
・兵十が撃ってしまう

③誰を中心にして考えるとよいですか。
・ごんが物語のどの場面にも出てきている。
・ナレーターがごんの気持ちを説明しているから。
・兵十よりも心情が表れているから。
・今までの物語も、主人公の気持ちが変化しているから。

物語全体を通して、心情の変化が表れている登場人物に着目させます。

④誰のサブタイトルの書き方がよかったですか。
・いたずらばかりしていたごんが、よいことをする。
・ごんは兵十にくりや松たけを届けるようになったけれども、撃たれる。
・性格や気持ちの変化も入っているから。

必要に応じて、自分のサブタイトルを書き直させます。中心人物の確認と登場人物の行動や気持ちが変化する物語であることを捉えることができていればよいです。

⑤サブタイトルをさらによくするためには、どうすればよいですか。
・全体の流れをつかむ。
・心情が変化する場面を読む。
・ごんの性格。

3 本時の評価

物語の全体像を捉えることができたか、ノートを確認します。

○思考・判断・表現
登場人物の行動や気持ちなどを基に、物語の全体像を捉えることができたか。

第3章 資質・能力を育てる「文学的な文章」の授業

構造と内容の把握 ❷ みんなで学習したいことを考えよう

前時に続き、物語の全体像を捉えます。疑問に思ったことやみんなで勉強したいことなどの感想を交流し、登場人物の行動に着目させ、文章中の言葉や表現に興味をもてるようにし、第２次に何を精査・解釈していくのか、子どもたちに見通しをもたせます。

1 目標

感想を交流し、物語の全体像を捉え、学習の見通しをもつことができる。

2 授業展開

物語の全体像を捉え、学習の見通しをもつ

①「ごんぎつね」を読んで、驚いたことや疑問に思ったことは何ですか。
- ごんがいたずらばかりしている。
- しかも、結構ひどいいたずら。
- ごんは、最初からひとりぼっちなのかな。
- ごんは突然心を入れ替えた。
- なぜ、ごんは兵十のおっ母が死んだことを自分のせいにするの？
- ごんはよいことをしたけど、その結果は自分にとってよかったのか悪かったのか。
- 兵十は、誰がくりや松たけを持ってきていると思っていたのか。
- 兵十は、ごんを撃ったとき、どんな気持ちだったか。

文章中の言葉や表現に関心をもつためには、最初は焦点を絞らず、「それも驚いたね」と感想を交流していきます。

② 友だちが驚いたことや疑問について君はどう思いますか。
- なんで、そんなにいたずらばかりしているんだろうね。
- お母さんがいたんじゃないかな。
- ごんは、せっかく反省してよいことをしていたのに撃たれたから残念に思う。

第１時で確認した「全体の流れをつかむ」「心情の変化を読む」ために何を学習すべきか考えさせます。

③ 全体の流れをつかんだり、心情の変化を読んだりするために学習していきたいことを考えましょう。
- ごんがいたずらばかりしていた理由。
- いたずらばかりしていたのに、よいことを始めた理由。
- ごんが撃たれたときの気持ち。
- 兵十がごんを撃ったときの気持ち。

１つには絞れません。物語の山場に関わる課題も出てきます。今日出てきた疑問を掲示し、解決していく順番を子どもたちと確認していくとよいでしょう。

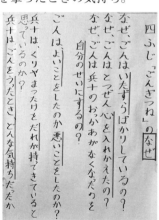
疑問の掲示

3 本時の評価

ノートに書かれた疑問や発問の回答、授業中の発言から見とります。

○ **主体的に学習に取り組む態度**

学習の見通しをもち、文章中の言葉や表現などに興味をもとうとしているか。

精査・解釈① ❶ ごんと兵十の人物像を読み取ろう

子どもたちと考えた読みの課題の中で、まず、「なぜ、ごんはいたずらばかりするのか」から考えます。人物像をあきらかにして、ごんがいたずらをする理由を話し合っておくことは、後の課題を解決するときの拠りどころにもなります。

1 目標

ごんと兵十の行動から２人の性格を読み取ることができる。

2 授業展開

人物像を読み取る

①ごんはどんなきつねですか。
- ひとりぼっちの小ぎつね（子ぎつねではない）。
- 人間のことをよく知っている。
- 頭がいい（うなぎを下流に逃がした）。
- 反省できる。
- 兵十にだけよいことをしている（いわし売りにとっては迷惑だった）。
- 想像したり、思い込んだりする。

性格だけでなく、人物設定についても確認しておきます。対人物である兵十についても人物像を確認します。

②兵十はどんな人ですか。
- おっかあがいたが死んでしまう。
- まじめでがんばりや。
- 母が死んで元気がない顔になった。

「うなぎをおっかあに食べさせたかった」という意見も出ますが、事実として書かれているのか確認をします。兵十の母が死んだときに、最後の願いをかなえてあげられなかったとごんが思い込んでいる（実際はわからない）ことなど、様子や行動、性格を表す語句を読み取っていきます。「いつもは、赤いさつまいもみたいな元気のいい顔」という叙述から兵十の人物像が読み取れますが、ごんの視点で語られていることを確認しておきます。

③なぜ、ごんはいたずらばかりするのですか。
- 悪気がないから。
- おもしろいから。
- ひとりぼっちのごんがする「遊び」。
- 「小ぎつね」だからいたずらが悪いのはわかるはずだ。楽しいからやる。
- ひとりぼっちだから、悪いことだって誰も教えてくれない。

いたずらが好きな子に聞いてみると、「楽しいから理由はない」と回答。ここで「ひとりぼっち」であることに着目します。

④ひとりぼっちとは、どんな生活ですか。
- 話し相手や遊び相手がいない。
- ご飯を食べるときも寝るときも１人。

「二、三日雨がふり続いた」の叙述に着目して想像させます。また、雨が上がり「空はからっと晴れていて、もずの声がきんきんひびいていました」の情景描写についてもふれ、ごんの気持ちを表していることに気づかせます。「よし、久しぶりにいたずらしてやるか」と想像する子もいました。

3 本時の評価

情景描写理解については、ノートに定義をまとめたり、振り返りで確認したりします。

○知識・技能

様子や行動、気持ちや性格を表す語句の量を増やすことができたか。

| 精査・解釈① | **② なぜ、いたずらぎつねごんの行動が変わったのか考えよう**

　初読でサブタイトルを書いた際、「いたずらばかりしていたけれども～」とごんの行動が変わったことを捉えている子がいます。行動が変わるためには心情の変化があることを押さえ、その原因について考えさせます。

1 目標

　ごんの気持ちの変化を、心情を表す言葉や場面の移り変わりと結びつけて想像することができる。

2 授業展開

登場人物の心情の変化を捉える

①なぜ、いたずらぎつねのごんの行動が変わったのですか。
- 「あんないたずらをしなけりゃよかった」と後悔している。
- 「おれと同じ、ひとりぼっちの兵十か」
自分と似ていて同情している。
母がいない悲しみがわかる。
親しみをもっている。
- 兵十の母の死をきっかけによいきつねになった。

　ごんのせりふから、後悔していることや共感していることがわかります。しかし、改心しての行動なのか、誰のための行動なのかを読み取っていく必要があります。

②本当によいきつねになったのですね？
- いわし売りから盗んだ。うなぎを逃がすよりもひどい。
- 兵十のためにだけ行動している。
- 兵十が殴られているのを見て、山でとれるものに変えた。置き方もていねいになった。

　ごんの気持ちに変化を起こした原因は兵十のおっかあの死であり、その償いはすべて兵十に向けられていることを確認します。

③どのくらい後悔しているのでしょうか。
- いたずらをやめなかったごんが「しなけりゃよかった」というくらいだから、本当に失敗したと思っている。
- 死にそうなおっかあにうなぎを食べさせたいという、兵十の望みをかなえられなかったから、責任を感じている。
- 「うなぎのつぐないに」と書いてあるから（☆お返しに）何かしなくてはと思っている。

　☆お返しに、お礼にという言葉を無意識に使う子もいます。そこで、お返しやお礼でよいのか問います。

④「つぐない」とはお返しやお礼ですか。
- お返しやお礼はよいことをしてもらったときに使うけれども、今回はごんが悪いことをしてしまったことのおわび。
- 辞書で調べると、「相手に与えた損害の埋め合わせ」です。
- でも、おっかあは戻ってこないから穴埋めはできない。だから償いを続けている。

　「つぐない」という行為から、ごんの行動の意味や心情を想像させます。

3 本時の評価

　叙述から想像できているか発言やノートから見とります。

○思考・判断・表現
　心情を想像する言葉から、登場人物の気持ちの変化や性格、場面の移り変わりと結びつけて具体的に想像することができたか。

4年 ごんぎつね

精査・解釈①

3 兵十と加助の会話を聞こうとしたごんの気持ちを考えよう

　月のいいばんに、ごんは兵十と加助を見かけ、あとを追って会話を聞こうとします。ごんはどのような気持ちで聞こうとしたのか、また、聞いたことによりどのような気持ちでくりや松たけを届けるのかを考えさせます。

1 目標

　兵十と加助の会話を聞こうとしたごんの気持ちを考えることができる。

2 授業展開

場面の様子から、心情を具体的に想像する

①長い間、ごんは兵十たちのあとを追っていましたが、どのような気持ちで追っていたのですか。
- 兵十が加助にくりや松たけが届く話を始めたから、自分のことに気づいているか知りたい。
- 「不思議なこと」と兵十が言っているから、ちゃんとわかっていないと思っている。
- お念仏がすむまで待っているから、何が何でも聞きたい。
- 加助が神様の話をしたから、兵十も神様だと思っているのか心配している。

　「へえ、こいつはつまらないな」からの叙述では、はっきりとごんの心情が書かれていますが、そこまでの行動や場面の様子からごんの心情を想像していきます。

②「兵十のかげぼうしをふみふみ行きました」は、どのように追っているかわかりますか。
- そんなに離れていない。
- 楽しそう。兵十に親しみをもっている。
- 自分の話が出るかもしれないから、楽しくなっているんじゃないかな。
- 見つかってもいいのかな。

③ごんは、自分の存在に気づいてほしいのですか。
- 人間に見つかったら、何をされるかわからないよ。加助もいるし。
- くりや松たけを届けているのは自分だとわかってほしい。
- ひとりぼっち同士だから仲良くなりたい。

　「少しくらい姿を見せたり、自分が運んでいる証拠を入れたりすればよい」という意見も出ます。しかし、明くる日も姿を見せずにくりや松たけを届けようとします。姿を見せないのは、危険であるほかにどのような理由があるのか想像させます。

④なぜ、ごんは明くる日も姿を見せずにくりや松たけを届けるのですか。
- 神様じゃなくて自分だと気づいてほしい。
- 償いだから、届け続ける。
- 兵十が自分で気づいてほしい。
- ひとりぼっち同士だし、届けたい。

　物語の山場へ向かう前に、ごんがどのような気持ちでいたかを具体的に想像してこの時間の学習を終わります。

3 本時の評価

　心情を想像する言葉を見つけてサイドラインを引いているか、具体的に想像してノートに書いているか確認します。

○思考・判断・表現

　心情を想像する言葉から、登場人物の気持ちの変化や性格、場面の移り変わりと結びつけて具体的に想像することができたか。

第3章　資質・能力を育てる「文学的な文章」の授業

精査・解釈①

4 ぐったりと目をつぶったまま うなずいたごんの気持ちを考えよう

　撃たれた場面でのごんの気持ちは、子どもたちにも気になる場面です。ここでは、立場を明確にして対話をします。読みの根拠や理由が明確になり、論点もわかりやすくなります。

1 目標

　ごんの気持ちを考え、理由や根拠を明確にすることができる。

2 授業展開

根拠や理由を明確にする

①ぐったりと目をつぶったままうなずいたごんはどのような気持ちだったのですか。
　・撃たれてしまったから残念。
　・くりを届けたのが神様じゃなくて自分だとわかってもらえたからよかった。
　・つぐないは十分かな……？

②そのときのごんの気持ちは、どちらかというと「うれしい気持ち」と「残念な気持ち」とどちらの方が強かったのですか。
　・いたずらぎつねじゃなくて、くりを届けたきつねとわかってもらえてうれしい。
　・勘違いで撃たれたこともそうだけど、もう償いもできないし、仲良くなることもできないから残念。

　ここで、自分の立場を決めて理由を考えます。そして、ごんの人物像や物語全体を通しての行動を振り返り、どのような根拠があるか読み取ります。

③同じ考えの友だちと話し合って、理由をはっきりさせましょう。
　・「神様にお礼を言うんじゃあ、おれは、ひきあわないなあ」って言っているから、気づいてもらえてよかったよね。君もそう思った。（うれしい）

　・「つぐない」として、もう十分だな。自分ががんばって償っていたことも伝わり、もういいや。（うれしい）
　・「つぐない」をもっと続けたかっただろうな。だって、おっかあの死に責任感じていたんだよ。思い込んでいるんだよ。（残念）
　・ひとりぼっち同士で、これから仲良くなりたかったな。（残念）

　「うれしい」「残念」のどちらの気持ちが強いか迷っていた子は、この活動で友だちの意見を参考にして自分の立場を決めます。前時までに学習したごんの人物像や行動についてまとめたものを掲示しておくと子どもたちも学習を振り返って理由を考えることができます。

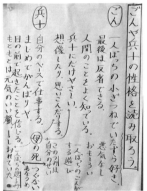

人物像の掲示

3 本時の評価

　物語の叙述を基にして理由を述べているか、ノートを確認します。

○思考・判断・表現

　心情を想像する言葉から、登場人物の気持ちの変化や性格、場面の移り変わりと結びつけて具体的に想像することができたか。

4年 ごんぎつね

精査・解釈①

⑤ 違う考えの友だちと話し合って ごんの気持ちを考えよう

立場を明確にして対話をしますが、今回は違う考え同士で対話します（異なる考え2人ずつの4人グループ）。読みを比較検討し、精査・解釈（納得のいく根拠や理由を見つけていく）します。

1 目標

一人ひとりの読みの違いを理解し、自分の考えをまとめることができる。

2 授業展開

比較検討する

①自分の読みと比べてどこが違うか、よく聞いて考えましょう。
  ・くりや松たけを届けたことをわかってもらえたから、うれしいよ。
  ・いや、償いができなくなるから残念なんだよ。
  ・もう、その気持ちもわかってもらえたからうれしいんだよ。
  ・親しみを感じていたのに、撃たれて残念。
  ・「青いけむりが、まだ、つつ口から細く出ていました」は、青い煙だから、ごんは後悔している。

②相手がどんなことを中心に話していたかわかりましたか。
  ・くりや松たけを届けたことをわかってくれてうれしい。もうやりきった。
  ・償いに気づいてもらえてうれしい。
  ・償いができなくなるから悲しい。
  ・ひとりぼっち同士仲良くできたのに……。

話し合ってはっきりしているごんの気持ちを板書します。そして、「償いをわかってもらえたからうれしい」や「償いを続けられない」という意見に着目させます。

③ごんの「償いの気持ち」も兵十にわかってもらえたのですか。
  ・はい。くりを見つけていますから。
  ・いいえ。気づいたのはくりを届けたことだけ。償いのつもりでやっていることまではわからない。

④「青いけむり」だからごんが後悔しているというのは本当ですか。
  ・青いけむりは情景描写だから、後悔。
  ・撃った兵十が見ているから、ごんの気持ちではない。
  ・兵十の後悔の気持ちを表している。

⑤ごんの気持ちを考えてきましたが、物語の内容をすべてわかりましたか。
  ・償いの気持ちがわかったか確かめたい。
  ・撃ったときの兵十の気持ちを考えたい。

ごんの気持ちを読み取ってきましたが、兵十の行動や気持ちを読み取らなければ物語の全体像を捉えることができないことに気づかせます。

3 本時の評価

ノートや対話の様子から見とります。

○思考・判断・表現

対話を通して一人ひとりの読みの違いや考え方を理解することができたか。

○主体的に学習に取り組む態度

すすんで友だちに自分の考えを伝えたり、友だちの意見を聞いて考えたりしようとしているか。

第3章 資質・能力を育てる「文学的な文章」の授業

| 精査・解釈② | **❶ 兵十の側から物語を読み直そう**

ごんの気持ちを考えてきた子どもたちは、兵十の行動を追うことで改めて物語の全体像を捉え直します。その際、視点を整理しながら登場人物の行動や気持ちを確認します。

1 目標

行動や心情を想像する言葉から、登場人物の気持ちを場面の移り変わりと結びつけて具体的に想像することができる。

2 授業展開

視点を整理する

①ナレーションの見方が変わる場面があります。どこですか。
- ずっと、ごんの気持ちを説明していたのに、最後の場面は兵十が見ているように話している。
- だから、最後の場面で「青いけむり」を見ているのは兵十か。

前時で、「青いけむり」は誰の後悔を表しているか、疑問が出ていました。子どもたちは、読者の視点で読んでいるので、すべての登場人物の行動を把握しています。しかし、登場人物同士は互いの行動をわかっていないことを確認します。

②物語全体を通して兵十の気持ちを読み取れる場面を探しましょう。
- うなぎを取っている場面
- おっかあの葬式の場面
- 加助と会話している場面
- ごんを撃った場面

この4つの場面で、ごんは兵十の行動を見ていますが、兵十がごんの行動を見ているのは最初と最後の2つの場面だけです。誰が誰を見ているのか整理します。

③「そうかなあ」と加助に言ったとき、兵十はどんなことを考えていたのですか。
- 神様だとは思っていなかった。
- 加助が言うから、神様かなあ。
- 神様じゃなくて、人間かなあ。自分のことを心配してくれている村人だと思っていた。
- 「そうかなあ」は、考えているよね。
- ごんの可能性はないのかな。
- でも、見ているのはごんだから、兵十は神様が持ってきていると決めつけているだけかもしれないよ。

兵十が、くりや松たけが届くことについてどのように思っているのか、本当に神様だと思っているのか、ごんの可能性があったのか確認します。また、この場面はごんが兵十の会話を聞いて想像している場面であることを確認します。

3 本時の評価

授業中、対話中の発言やノートの振り返りから評価します。
○思考・判断・表現

視点を整理したり、登場人物の行動や物語の全体像を捉え直したりして、登場人物の気持ちを想像することができたか。

4年 ごんぎつね

精査・解釈② ❷ **兵十は、ごんの気持ちをどれだけわかっていたのか考えよう**

最後の場面の兵十の気持ちを読み取り、結末について考えます。物語全体を捉え直したときに、「構造・内容把握」でまとめたサブタイトルとは印象も変わってきます。子どもたち自身も読みの変容を認知することができます。

1 目標

兵十は、ごんの気持ちをどれだけわかっていたか考え、物語の結末について捉え直すことができる。

2 授業展開

対人物から見たごんの行動を明らかにする

①青いけむりを見ていたとき、兵十はごんの気持ちをどれだけわかっていたのですか。（3～4人のグループで対話）

> ①神様じゃなく、おれがくりや松たけを運んでいたんだよ。
> ②うなぎを食べさせることができなくてごめん。この罪を償いたい。
> ③ひとりぼっちの兵十。おれと同じ。気持ちがわかる。仲良くなりたいな。
> 【精査・解釈❶－❺でまとめたごんの気持ち】

・①はわかっていた。運んでいたことは撃ったあとで、土間に固めておいてあるくりや松たけを見ている。
・②もわかっている。くりや松たけを運んだ理由を考えるから。
・②はわかっていない。撃つ直前に「うなぎをぬすみやがったあのごんぎつねめ」と思っているし、その理由を考えている文章はないから。
・③もわかっていない。「うなぎをぬすみやがったあのごんぎつねめ」と思ってすぐ撃っているから。

子どもたちは②について意見がわかれます。全体では②を取り上げて検討します。

②兵十は、ごんの償いの気持ちまでわかっているのですか。

・前回の授業で兵十の行動を確認したときに、ごんの行動をわかっていたのはうなぎを盗まれたときと、最後の場面だけだから、ごんの償いの気持ちはわからない。
・ごんがくりを届けた理由を考えるはず。ごんがうなぎを盗んだことを思い出す→おっかあが死んだあといわしやくりや松たけが届けられた→だからごんが償っていた、と兵十が考えたときだけわかっていたと言える。
・青いけむりを見ているときでは、時間的にここまで兵十が考えるのは難しい。

時間的な制約の中では、兵十が想像力豊かにごんの気持ちを推理することは難しいかもしれません。しかし、可能性が低くても「償いの気持ちが届いている」と読みたい子どもの気持ちも尊重します。

③最初に書いたサブタイトルでいいですか。

・ごんの気持ちのすべては届いていない悲しい話だと付け足したいです。
・わかってもらえてよかった部分があるから、そこを付け足したいです。

3 本時の評価

サブタイトルをどのように書き直したいか、ノートの振り返りを見ます。

○思考・判断・表現

物語の結末について捉え直すことができたか。

| 考えの形成 | ① ② | 物語のサブタイトルを書き直し、ポスターにまとめよう |

サブタイトルを書き直すことで自分の考えの形成を行い、共有できるようにポスターにまとめます。また、物語の重要な分岐点や登場人物の心情の変化、相互関係など自分が読み取ったことを画用紙１枚にまとめます。

1 目標

物語の全体像や登場人物の気持ちの変容について捉え直し、ポスターにまとめる。

2 授業展開

捉え直したことをまとめる

①物語全体の流れや登場人物の心情が変化する場面、性格を読み取ったことを基にサブタイトルを書き直し、ポスターにまとめましょう。

・「やっと伝わったつぐないの気持ち」
ごんの償いの気持ちが届く可能性は低いけど、やっと気持ちが伝わったことを図で表します。

・「２人の気持ちが変わったそのしゅん間」
やはり、最後の場面が印象に残りました。どんなふうに変わったかポスターにまとめます。

短い言葉で、物語の全体像を捉えるように助言します。個別に声をかけ、どのように捉え直したのか、画用紙に表現できているか、助言をします。

②最初に書いたサブタイトルからどのような理由（読みの変化）で変えたのか説明できるようにし、ポスターセッションの準備をしましょう。

・僕は、「ごんがうたれる悲しい話」から「やっと伝わったつぐないの気持ち」に変えました。だから、兵十がその気持ちに気づく様子とごんの気持ちを図でまとめます。

・私は、「今日こそ気づいて、そんな気持ちでとどけるくり」にしました。ごんがくりを届けているときの気持ちをたくさん考えてきたので、ごんの気持ちをポスターに書きます。そして、その気持ちは兵十になかなか届かないことも書きます。

ポスター作りをしているときに、個別に質問してポスターにまとめる内容を助言していきます。そして、次回のポスターセッションの見通しをもたせます。

3 本時の評価

ポスターを基に評価します。自分が読み取ったことをまとめているか確認します。

○思考・判断・表現

文章を読んで理解したことに基づいて、自分の考えを広げたり深めたりすることができたか。

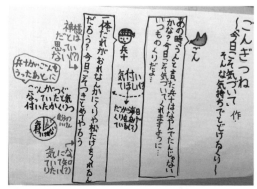

ポスターの例①

4年 ごんぎつね

共有 ① ポスターセッションをして、感想を伝え合おう

物語の重要な分岐点や登場人物の心情の変化、相互関係など自分が読み取ったことをまとめた画用紙を使い、ポスターセッションをします。一人ひとりの読みの変容を交流していきます。

1 目標

ポスターセッションを行い、友だちの読みがどのように変容したかすすんで聞こうとする。

2 授業展開

目的を明確にして共有する

①最初に書いたサブタイトルから、どのように変えたのか質問しましょう。
- 「ごんがうたれる悲しい話」から、どんなサブタイトルに変えたのですか。
- 「やっと伝わったつぐないの気持ち」に変えました。
- どうして悲しいサブタイトルからほっとするサブタイトルに変えたのですか。
- 悲しいお話だと思っていますが、いたずらぎつねのごんがくりや松たけを届けたことを兵十は不思議に思って、心当たりを考えてくれると思いました。ポスターには、償いの気持ちが兵十に伝わるまでのことを図でまとめました。

初読で書いたサブタイトルからどのような理由（読みの変化）で変わったのか聞く活動をします。交流するときの視点を明確に示しておきます。

②友だちのポスター発表を聞いて、感想を伝えましょう。
 ☆自分のサブタイトルと比べて考えたこと
 ☆サブタイトルやまとめ方でいいなと思ったこと

- 僕は、くりや松たけを届けたことについてだけ兵十に伝わったと思ったけれども、〇〇さんは、償いの気持ちが届いたらいいと思っていることがよく伝わりました。
- □□君のサブタイトルは、ごんの性格がわかりやすく書いてありました。気持ちが変化していく様子をうまくまとめていました。

サブタイトルは、自分の読みを短文でわかりやすくまとめることができ、比較もしやすくなります。

3 本時の評価

友だちのポスター発表を聞いて、質問したり、感想を伝えたりしている活動やノートの振り返りから評価します。

○主体的に学習に取り組む態度

友だちの読みを比較・検討して自分の読みを深める学習活動のよさを考えようとしているか。

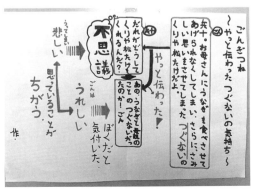

ポスターの例②

5年 わらぐつの中の神様 （光村図書）

杉みき子作品の魅力を友だちにプレゼンテーションしよう

[髙﨑智志]

単元目標

お気に入りの杉みき子作品を読み、作品の魅力の根拠となる優れた叙述について自分の考えをまとめたり、交流を通して作品の魅力について考えたことを共有し、自分の考えを広げたりすることができる。

知識及び技能
- 杉みき子作品を読みながら、比喩や反復などの表現の工夫に気づくことができる。

思考力、判断力、表現力等
- 杉みき子作品を読み、作品の魅力の**根拠となる優れた叙述**について、**自分の考え**をまとめることができる。
- 友だちとの交流を通して、杉みき子作品の魅力について考えたことを**共有**し、**自分の考え**を広げることができる。

学びに向かう力、人間性等
- 人物像や物語の全体像を捉えたり、杉みき子作品特有の表現上の効果に気づいたりしながら、優れた叙述についての自分の考えをまとめようとする。
- 杉みき子作品の魅力を伝えたいという思いをもちながら、作品を主体的に読もうとしたり、友だちとの交流を通して自分の考えを広げようとしたりする。

　この単元では、「根拠となる優れた叙述について自分の考えをまとめることができる」「考えたことを共有し、自分の考えを広げることができる」ことを重点に置きながら、お気に入りの杉みき子作品の魅力を友だちにプレゼンテーションで伝える学習活動を設定しました。また、主体的な読みや対話的な活動を通して自覚した「読み方の極意」（読みの〈方略〉）を、さらに別の作品で生かすことのできる自立した読み手としての子どもの姿をめざしています。

1 「わらぐつの中の神様」で育てたい資質・能力

　知識及び技能としては、作品の表現の工夫に気づくということがポイントです。杉みき子作品特有の表現上の効果（方言・雪国の生活・物語の構成等）に着目しながら読むことで、より作品の読みが深まり、魅力があきらかになっていきます。

　思考力、判断力、表現力等としては、いくつかの杉みき子作品を読み、それらの中からお気に入りの作品を選び、その作品の魅力や魅力の根拠となる優れた叙述について、自分の考えをまとめるのをねらいます。また、杉みき子作品の魅力について考えたことを、友だちとの交流を通して共有し、自分の考えを広げることができるようにします。

　学びに向かう力、人間性等としては、魅力をあきらかにするために、優れた叙述を味わいながら作品を読むことができるようにします。さらに、作品を主体的に読もうとしたり、友だちとの交流を通して自分の考えを広げようとしたりする学びに向かう力の育成をめざします。

2 資質・能力を育てる言語活動の工夫

①ポイント

　本単元では、いくつかの杉みき子作品を読

み、その中からお気に入りの作品を見つけたうえで、その魅力をプレゼンテーション（KP法）で伝えます。KP法は、紙芝居プレゼンテーション法の略で、キーワードやイラストなどを書いた何枚かの紙（KPシート）を提示しながら発表するというプレゼンテーションの方法です。KPシートの並べ方を工夫することで、人物の人物像や相互関係、中心人物の心情変化や成長、ファンタジー作品特有の構成や伏線を整理することができ、KPシートの作成を通して、さらに読みが深まることが期待できます。

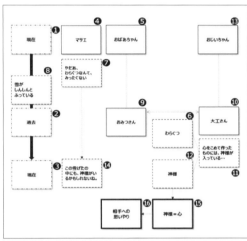

言語活動の特徴（KP法）16枚

②ゴールとなる活動・プレゼンテーション

　第3次で、杉みき子作品の魅力を友だちに伝えるという活動を設定しています。

③教材研究

　共通教材である「わらぐつの中の神様」は、相手の身になって心を尽くして生きることの尊さを、おばあちゃんが孫のマサエに語り聞かせる物語です。「現在―過去―現在」という構成や物語の伏線、擬声語や擬態語、ダッシュなど、杉みき子作品の表現の特徴が見られます。同じような特徴をもつ作品の中から、お気に入りの作品を見つけられるようにします。

3 主体的・対話的で深い学びの実現に向けて

○主体的な学び

　主体的に読む力を育成するために、「読み方の極意」という「読みの〈方略〉」を自覚しながら読み進めていきます。読みの技術（スキル）をまとめた「読みの👀（目）のつけどころマップ」を手がかりとしながら、獲得した「読み方の極意」を整理していくようにします。

○対話的な学び

　ジグソー学習を通して読み深めたり、「読み方の極意」を意識しながらグループ交流や全体交流を行ったりすることで、対話的な学びを通して、読みの変容を自覚できるようにします。

○深い学び

　子どもが、課題解決的な学習のプロセスの中で、「主体的な読み」を行い「読み方の極意」を獲得する姿や、「対話的な活動」を通して読みの変容を自覚する姿が見られることをめざします。

4 資質・能力を評価する手立て

○知識・技能

　杉みき子作品特有の表現上の効果に着目しながら魅力をあきらかにしているかどうかを、ワークシートの記述から見とります。

○思考・判断・表現

　作品の魅力の根拠となる優れた叙述について、自分の考えをまとめたり、友だちとの交流を通して、自分が考えたことを共有したり広げたりしているかどうかについて、振り返りやワークシートの記述から確かめます。

○主体的に学習に取り組む態度

　作品の魅力を伝えたいという思いをもちながら、作品を主体的に読んだり友だちとの交流を通して読みを深めたりしようとしているかどうかについて、振り返りやワークシートの記述から見とります。

〈単元の授業過程〉

次	時間	学習過程	学習活動	身につける資質・能力
第1次	1時間	見通し	✿ 杉みき子作品と出合い、作品の魅力について、自分の経験や既習の作品を振り返りながら学習課題をつくり、学習の見通しをもつ。	● 作品の魅力を伝えたいという思いをもちながら、課題を解決するための学習の計画を立てようとする。(主体的に学習に取り組む態度)
第2次	2時間	構造と内容の把握	✿「わらぐつの中の神様」を読み、人物像や話の全体像をつかむとともに、「読みの課題」を整理する。 ✿「わらぐつの中の神様」を、「読みの課題」を整理しながらグループや全体で読む。	● 杉みき子作品特有の表現上の効果に気づく。(知識・技能) ●「わらぐつの中の神様」を読み、作品の魅力の根拠となる優れた叙述について、自分の考えをまとめる。(思考・判断・表現)
	2時間	精査・解釈 考えの形成	✿「わらぐつの中の神様」を「読みの課題」を解決しながら読む。 ✿「わらぐつの中の神様」を、作品の魅力につながる「読みの課題」を解決しながら読む。 ✿ 自分が考える「わらぐつの中の神様」の魅力をまとめる。	● 杉みき子作品特有の表現上の効果に気づく。(知識・技能) ● 友だちとの交流を通して、「わらぐつの中の神様」の魅力について考えたことを共有し、自分の考えを広げる。(思考・判断・表現)
第3次	1時間	考えの形成	✿ 自分が選んだ杉みき子作品を読み直し、伝えたい作品の魅力について考え、プレゼンテーションの準備をする。	● 杉みき子作品を読み、作品の魅力の根拠となる優れた叙述について、自分の考えをまとめる。(思考・判断・表現) ● 友だちとの交流を通して、杉みき子作品の魅力について考えたことを共有し、自分の考えを広げる。(思考・判断・表現)
	1時間	共有 (振り返り)	✿ 自分が選んだ杉みき子作品の魅力を、友だちにプレゼンテーションする。	● 作品の魅力を伝えたいという思いをもちながら、作品の魅力を友だちに伝えようとする。(主体的に学習に取り組む態度)

見通し ① 学習計画を立てよう

　1時間目は、既習作品の魅力を語り合うことで、曖昧なイメージでしか作品の魅力を捉えていないことに気づき、魅力を言語化することができると、ほかの人と交流することができ、新たな魅力に気づいたり、魅力を深めたりすることができることに興味をもてるようにします。

1 目標

　自分の経験や既習の物語作品を振り返りながら、学習課題を考え、課題を解決するための学習の計画を考えることができる。

2 授業展開

既習の物語作品を振り返りながら、学習課題をつくり、学習計画を立てる

①今までどんな物語作品と出合ってきましたか。
　・「大造じいさんとガン」　・「スイミー」
　・「ごんぎつね」　　　　　・「白いぼうし」
　既習の共通作品を振り返りながら、それぞれの作品の魅力につながる発言を引き出していきます。

②**各々の作品の魅力は何だと思いますか。**
　・「ごんぎつね」は悲しい物語だった。
　・「大造じいさんとガン」は、大造じいさんと残雪の戦いがおもしろかった。
　・「白いぼうし」は不思議な話だった。
　作品の魅力を語り合うことで、曖昧なイメージでしか魅力を捉えていないことに気づき、魅力をはっきりさせる必要性を感じ、学習課題につなげられるようにします。

③**杉みき子作品を読んで、どんなことを知りたいですか。**
　・杉みき子の作品が、多くの人たちに読み継がれているのはどうしてだろう。
　・杉みき子の作品の魅力は何だろう。
　たとえば、「杉みき子作品の魅力は何だろう」というような、杉みき子作品を読む必然性につながる学習課題をつくっていきます。

④**単元の計画を立てて、見通しをもちましょう。**
　KP法でプレゼンするというゴールを明確にし、プレゼンに必要な要素（登場人物・場面展開・優れた叙述・魅力）を示して、読む目的を明確にしていきます。いくつかの杉みき子作品を並行読書し、自分が魅力を感じる作品を選ぶことや、共通教材として「わらぐつの中の神様」を読んでいくことも確認します。

3 本時の評価

　作品の魅力を伝えたいという思いをもてているかを見るため、物語の魅力を追求していくプロセスについて、振り返りの記述をさせます。

○**主体的に学習に取り組む態度**
　作品の魅力を伝えたいという思いをもちながら、課題を解決するための学習の計画を立てようとしているか。

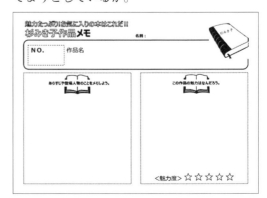

並行読書用のワークシート

構造と内容の把握 ① **物語の全体像を読み取ろう①**

　２時間目は、作品の魅力は何かを考えながら、１人で、「わらぐつの中の神様」の全体像を読み取っていきます。作品の全体像を捉える手がかりとして、読みの技術を整理した「読みの👀（目）のつけどころマップ」を活用し、自分の読み方を自覚できるようにします。

1 目標

　物語の全体像を捉えながら、「わらぐつの中の神様」の魅力について自分の考えをまとめることができる。

2 授業展開

「わらぐつの中の神様」を１人で読む

① 「わらぐつの中の神様」を読み、読後感を交流しましょう。
  ・優しい気持ちになる話
  ・心温まる話
  ・意外な展開がある話

　「わらぐつの中の神様」を一読して感じた読後感、つまり、「もやもやした魅力」をメモしたうえで、ペアで交流をします。これから「もやもやした魅力」をはっきりさせていくという学習課題を意識させることが大切です。

② 「わらぐつの中の神様」を１人で読み、話の**全体像**をつかみましょう。
  ・［読みの👀（目）のつけどころマップ］
  ・［読み方の極意カード］

　文章を読み、「読みの課題（疑問に思ったこと、みんなで考えたいこと）」、「わかったこと（納得したこと・解決したこと・考えたこと）」をワークシートに整理します。
　「読みの課題」とは、自力では解決できそうもないことや、みんなの考えを聞いてみたいと思うものとします。「読みの👀（目）のつけどころマップ」を活用し、「読み方の極意」を自覚しながら読んでいくようにします。

③学習したことを振り返りましょう。
  ・身につけた「読み方の極意」
  ・現時点での「魅力」

3 本時の評価

　作品の魅力は何かを考えながら、どの程度まで作品を読み取ることができているかを見るため、「読みの課題」や「わかったこと」を、２色の付箋を使ってワークシートに整理させます。

○思考・判断・表現
　「わらぐつの中の神様」の全体像を捉えることができたか。

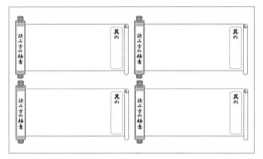

読み方の極意カード

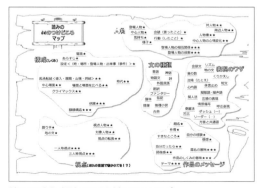

読みの👀（目）のつけどころマップ

構造と内容の把握 ② 物語の全体像を読み取ろう②

　3時間目は、グループで、「わらぐつの中の神様」の全体像を読み取っていきます。一人読みで整理した「読みの課題」について、グループや全体で交流しながら、課題を解決したり、すぐには解決できない課題を整理したりしていきます。

1 目標

　物語の全体像を捉えながら、「わらぐつの中の神様」の魅力について自分の考えをまとめることができる。

2 授業展開

「わらぐつの中の神様」をグループや全体で読む

①「読みの課題」をグループ内で交流しましょう。

〈叙述を根拠に解決できること〉
・あらすじ
・中心人物は誰か　など

〈深く読めば叙述を根拠に解決できそうなこと＝みんなで考えたいこと〉
・人物像について
・神様について　など

〈叙述を根拠に解決できないもの〉
・登場人物の年齢は
・雪げたの値段はいくらか　など

　前時の一人読みで整理した「読みの課題」を出し合い、グループ内で解決できるものから解決していきます。

②グループ内ですぐには解決できなかった「読みの課題」を全体で交流しましょう。

・おみつさんや大工さん、マサエの人物像
・題名について
・マサエの心の変化はあったのか
・神様の意味　など

　グループ内ですぐには解決できなかった「読みの課題」を出し合い、クラス全体の場で共有します。

③「読みの課題」を全体で整理しましょう。

〈分類項目〉
・題名　　・主題　　・構成　　・表現
・登場人物　　・中心人物の変容　など

　グループから出された「読みの課題」を分類していきます。そして、分類した課題の中から、クラス全体で解決していきたい課題を焦点化していきます。そして、焦点化した課題ごとにグループ分けをします。

④学習したことを振り返りましょう。

・身につけた「読み方の極意」
・現時点での「魅力」

3 本時の評価

　作品の魅力は何かを考えながら、どの程度まで作品を読み取ることができているかを見るため、前時と同じワークシートに整理させます。

○思考・判断・表現

　「わらぐつの中の神様」の全体像を捉えることができたか。

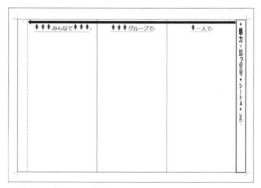

魅力はっきりシートA

| 精査・解釈 | **1 課題を解決しながら読みを深めよう①** |

4時間目は、前時で整理した「読みの課題」について、グループごとに解決しながら読みを深めていきます。ただの読書会ではなく、ジグソー法（1つの課題をメンバーで分担して解決・共有し、全体の課題を解決する方法）により、効果的に課題解決学習ができるようにします。

1 目標

友だちとの交流を通して、「わらぐつの中の神様」の魅力について考えたことを共有し、自分の考えを広げることができる。

2 授業展開

「わらぐつの中の神様」を課題解決しながら読む

①「読みの課題」についてグループで解決しましょう。

〈グループ分け例〉
- マサエの人物像／おみつさんの人物像／大工さんの人物像／構成について考える／題名について考える／杉みき子の表現について考える

ジグソー法を取り入れたグループ活動を行います。6つのエキスパートグループに分かれ、それぞれの「読みの課題」について読みを深めます。

②各エキスパートグループで話し合ったことを報告し合い、グループ内で共有しましょう。

- 登場人物の人物像はわかった。
- 「現在—過去—現在」という構成になっていて、いくつかの伏線がある。
- ほかの作品と同じように、「温かさ」を表現する言葉や文がある。
- 題名にもある「神様」の意味についてまだ読み深めたい。
- マサエの心情変化があったのかどうかについてもっと読み深めたい。

ジグソー学習で話し合ったことを共有し、まだ解決できていない課題や、もっとみんなで読み深めたい課題を整理し、さらに読みを深める課題として焦点化していきます。

③学習したことを振り返りましょう。

現時点で自分が考える魅力や、魅力をあきらかにするためにはどんな読み方をすればよいかについて共有します。

3 本時の評価

読みの深まりを見るために、エキスパートグループで話し合ったこと、グループで報告し合ったことをワークシートに整理させます。さらに、現時点で何を根拠に、どう魅力を捉えているのか、魅力を明らかにするためにはどんな「読み方の極意」が有効なのかについても、振り返りの記述などで見とっていきます。

○思考・判断・表現

グループ交流を通して、作品の魅力について、自分の考えを広げることができたか。

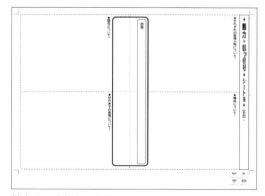

魅力はっきりシートB

5年 わらぐつの中の神様

精査・解釈／考えの形成 ② 課題を解決しながら読みを深めよう②

5時間目は、前時で焦点化した「読みの課題」について、クラス全体で解決しながら読みを深めていきます。焦点化した「読みの課題」は、作品の魅力につながる課題になっているかどうかがポイントとなります。

1 目標

友だちとの交流を通して、「わらぐつの中の神様」の魅力について考えたことを共有し、自分の考えを広げることができる。

2 授業展開

「わらぐつの中の神様」を「読みの課題」を解決しながら読む

〈「読みの課題」例〉

マサエはどんな思いで、「ふうん。だけど、おじいちゃんがおばあちゃんのために、せっせと働いて買ってくれたんだから、この雪げたの中にも、神様がいるかもしれないね」と言ったのだろう。

① 「わらぐつの中の神様」を、「読みの課題」を解決するために読んでみましょう。

- マサエは、おばあちゃんの話を聞いて、わらぐつの中に神様がいるということを信じている。
- マサエの心情は変化した。
- 雪げたをはかなかったおばあちゃんの気持ちに共感している。
- 一生懸命働いて買ったもの、心を込めて作ったもの、大切にしまっておいたもの……気持ちが込められたものに「神様」がいる。
- 「神様」に込められた杉みき子さんの思いから、「温かさ」を感じる。

「根拠・理由・主張」を明確にしながら、まずは1人で考え、その後、グループ、全体の場で交流していきます。「読みの課題」について考えたことが、作品の魅力につながっていることに気づけるように支援していくことが大切です。

② 「わらぐつの中の神様」の魅力を明らかにする読み方について考えましょう。

〈獲得した「読み方の極意」〉
- 登場人物の人物像
- 中心人物の心情の変化
- 人物同士の関係 ・場面の様子
- 伏線 ・題名 ・構成
- 作者の表現

今までの読みを通してあきらかになった魅力をグループで発表し合います。その際に、友だちが、魅力をあきらかにするためにどんな読み方をしたのかについて交流することが重要です。

3 本時の評価

読みの深まりが見られるかどうかを見るために、読み取ったことや自分の考えは、ワークシートに整理させます。さらに、現時点で何を根拠に、どう魅力を捉えているのか、魅力をあきらかにするためにはどんな「読み方の極意」が有効なのかについても、振り返りの記述などで見とっていきます。

○思考・判断・表現

交流を通して、「わらぐつの中の神様」の魅力について、自分の考えを広げることができたか。

第3章 資質・能力を育てる「文学的な文章」の授業

考えの形成 ① 伝えたい作品の魅力について考えよう

　6時間目は、「わらぐつの中の神様」で学んだ「読み方の極意」（魅力をはっきりさせる読み方）を使って、自分が選んだ杉みき子作品の魅力をあきらかにします。魅力を友だちに伝えるプレゼンテーションの準備を通して、さらに読みを深めることができます。

1 目標

　自分が選んだ杉みき子作品について、その魅力についての考えをまとめたり、交流を通して考えを広げたりすることができる。

2 授業展開

自分が選んだ杉みき子作品の魅力をあきらかにしながら読む

①自分が選んだ杉みき子作品を読み直し、伝えたい作品の魅力について考え、プレゼンテーションの準備をしましょう。

　自分が選んだ杉みき子作品を読み直し、伝えたい魅力をはっきりさせます。そして、あきらかになった魅力を、「魅力プレゼンシート」にまとめ、伝える順番を考えながら整理していきます。

　事前に、「わらぐつの中の神様」を例にしながら、見つけた魅力をどのようにしてプレゼンテーションにつなげていくのかについて共通理解を図ります。（「魅力はっきりプレゼンシート」）

②必要に応じて、交流しましょう。

　〈交流が必要なとき〉
　・伝えたい魅力がはっきりしない。
　・魅力が相手に伝わるかを確認したい。
　・実際に伝わるかどうか練習をしたい。

③学習したことを振り返りましょう。

　・身につけた「読み方の極意」
　・はっきりした魅力について

魅力プレゼンシート

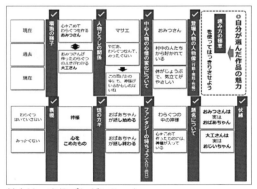

魅力はっきりプレゼンシート

3 本時の評価

　「魅力プレゼンシート」への記述内容やプレゼンのしかたを見ながら、伝えたい魅力の根拠として、深い読みができているかどうか評価していきます。

○思考・判断・表現

　自分が選んだ杉みき子作品を読み、登場人物の人物像や相互関係、中心人物の心情変化や成長、ファンタジー作品特有の表現上の効果を捉え、作品の魅力の根拠となる優れた叙述について、自分の考えをまとめることができたか。

5年 わらぐつの中の神様

| 共 有 | ① | 杉みき子作品の魅力を友だちにプレゼンテーションしよう |

　7時間目は、自分が選んだ杉みき子作品の魅力を友だちにプレゼンテーションします。作品の魅力が伝わったかどうかについて評価し合うとともに、身につけた「読みの方極意」について、この学習の前後で、「どんな力が身についたのか」を振り返るようにします。

1 目標

　作品の魅力を伝えたいという思いをもちながら、作品の魅力を友だちに伝えることができる。

2 授業展開

自分が選んだ杉みき子作品の魅力をあきらかにし友だちにプレゼンテーションする

①グループごとに順番に発表し合い、感想を交流しましょう。
〈「魅力プレゼンシート」の提示のしかた〉
・時系列に沿って提示
・人物関係を考えながら提示
・構成を意識しながら提示

プレゼンテーションの様子

　感想交流は、「魅力が伝わったかどうか」「魅力の根拠が明確かどうか」という視点をもちながら行うようにします。
・杉みき子さんの新たな魅力を発見できた。
・同じ作品を読んだのに、自分と違う魅力を発見していておもしろかった。
・そんな「読み方の極意」でも魅力をはっきりすることができると知り、驚いた。

②単元全体の振り返りをしましょう。
・身につけた「読み方の極意」
・自分が選んだ作品の魅力
・この学習前後の自分を比べて

　「どんな読み方をしたら魅力があきらかになったのか」という視点を大切にしながら振り返りができるようにします。また、身につけた「読み方の極意」が、「ほかの作品を読むときにどのように役立ちそうか」についても考えられるように支援していくことも大切です。

3 本時の評価

　「魅力プレゼンシート」への記述内容はもちろん、実際にプレゼンテーションをしている様子を録画し評価します。魅力につながる提示のしかたになっているかどうかについても見ていきます。
○主体的に学習に取り組む態度
　作品の魅力を伝えたいという思いをもちながら、作品の魅力を友だちに伝えようとしているか。

第3章　資質・能力を育てる「文学的な文章」の授業

6年 海の命 (光村図書)

語り尽くそう！ 海の命

[井上陽童]

単元目標

登場人物の相互関係や心情、場面についての描写を捉え、表現の効果について自分の考えをまとめることができる。
文章を読んで考えたことを語り合い、自分の考えを広げたり深めたりすることができる。

知識及び技能
- 話や文章の構成や展開について理解することができる。
- 比喩や反復などの**表現の工夫**に気づくことができる。

思考力、判断力、表現力等
- 登場人物の相互関係や心情の変化などについて描写を基に捉え、人物の考え方や生き方を読み取ることができる。
- **根拠**をあきらかにしながら**自分の考え**をまとめ、それを友だちと**共有**しながら**自分の考え**を広げたり深めたりすることができる。

学びに向かう力、人間性等
- 作品に描かれている登場人物のつながりや心情を読み取りながら、太一の生き方について自分の考えをもとうとする。

　本単元では、「登場人物の相互関係や心情などについて描写を基に捉える」「お互いの意見を共有しながら自分の考えを深める」ことに重点を置きながら、太一とその成長に関わる登場人物の関係に着目して読み深める学習を設定しました。時に批判的に時に共感的にお互いの読みについての意見を交流し、自分の納得解を得ていく姿に期待しています。そのために、個々の読みを作る活動とグループでの読みを共有する活動に重点を置いていきます。

1 「海の命」で育てたい資質・能力

　知識及び技能としては、6つの場面の構成や物語の展開を理解することがポイントです。特に第6場面のもつ意味については、物語全体の構成や太一の心情の変化と合わせて考えさせたい事柄です。クエや海などの表現に使われている比喩にも着目させていきます。

　思考力、判断力、表現力等としては、それぞれの場面で、父・与吉じいさ・母などの登場人物が太一にどのような影響を与えたのか、それを通して太一にどのような心情の変化が起きたのかを、描写を基に捉えることをねらいます。また、読み深める過程で生まれた個々の疑問や考えを積極的に友だちと交流し、読みが広がっていくことができるような活動や場を設定します。

　学びに向かう力、人間性等としては、作品に描かれている登場人物のつながりや心情を読み取ることを通して、太一の生き方について自分の考えをもつことができるようにします。同年代の太一の生き方を考えることは、自分のこれからの生き方について考えるうえでも貴重な経験となるでしょう。

2 資質・能力を育てる言語活動の工夫

①ポイント

　6年間で培った読みの力を最大限に活用できるような一人読みの活動として、太一とその

成長に関わる登場人物の関係を図に表した「人物関係図」作りを行います。この活動によって、子どもたちは太一や太一に関わる人々の関係や心情を捉えながら、太一の生き方について自分なりの読みを作っていきます。

②ゴールとなる活動・「本単元で学んだこと」を書く活動

子どもたち一人ひとりが本単元における自分の学びを自覚することで、これからの学習に向けての意欲が芽生えるとともにつけた力が確かなものとなります。本単元では、「『海の命』という作品から、どんなメッセージを受け取ったか」と題した文章を書くことにします。

③教材研究

本作品は「海」という自然を舞台に、主人公「太一」が少年から大人になるまでを描いた物語です。6つの場面構成のそれぞれの場面を貫いて流れるのは、父親たちが生きた海に寄せる一人の少年の熱い思いであり、父の死を乗り越え父をしのぐ漁師をめざした成長の姿です。その成長の過程で、父や与吉じいさ、母といった周囲の人々やさまざまな命を支える海、巨大なクエの存在が大きく関わってきます。しかし、この物語は単なる太一の「成長譚（たん）」にとどまりません。一人の人間として海と向き合い続ける太一の姿を通して、子どもは「自然との共生」や「自然への畏敬の念」「海でつながっている命」など、さまざまなメッセージを作品から読み取ることが期待できます。

3 主体的・対話的で深い学びの実現に向けて

○主体的な学び

「海の命」は、読み応えのある作品です。したがって、子どもは何度も作品を読み、太一や他の人物の気持ちを想像しその関係を読み取ろうとします。この一人読みにおいて、自分の読みを作ったり新しい問いを生み出したりする時間を十分に保証することが、その後の交流で、一人ひとりが自信をもって自分の読みを発表する姿につながります。

○対話的な学び

単元の後半では、グループでの読みを共有する場を設定します。これにより、自らの読みの確かさを実感したり、自らの読みの曖昧さに気づいたりすることでしょう。つまり、単元を通してともに読み語り合う仲間の存在こそが、文学作品を読むおもしろさを再確認させてくれるとともに、友だちとともに学ぶことの意義を実感することにつながるのです。

○深い学び

単元を通してお互いの読みのテーマについて考えを深めていく中で、最終的に子どもたち一人ひとりが「海の命」という教材の意味を生成することが大切になります。

4 資質・能力を評価する手立て

○知識・技能

場面の構成や物語の展開を理解しているかを、毎時間のノートや学習感想をもとに見とります。

○思考・判断・表現

登場人物の関係や心情の変化について読み取れているかを発言や人物関係図などから見とります。特に人物関係図については、グループやクラスでの読みの交流によって自分の読みが変容したときそれを友だちの名前入りでこの図に書き加えていくことで、一人ひとりの読みの深まりを見とる指標としての役割をもたせていきます。

○主体的に学習に取り組む態度

主に、単元前半の人物関係図作りや後半の交流の姿を通して見とっていきます。また、単元末の作文では、振り返りの視点（単元の授業過程参照）を明確にすることで、本単元の学びを子どもたち一人ひとりがどのように捉えたのかが見えるものとなります。

〈単元の授業過程〉

次	時間	学習過程	学習活動	身につける資質・能力
第1次	1時間	（見通し）構造と内容の把握	✿「海の命」という題名から想像することを発表する。 ✿小学校生活最後の文学的文章の学習として、これまで培った読みの力を生かして学習を進めるという見通しをもつ。 ✿教師の範読を聞き、初発の感想を書く。	●題名から作品の内容を想像している。（思考・判断・表現） ●物語の構成や展開について理解する。（知識・技能） ●学習の見通しをもち、教材文の内容や今後の活動に興味をもつ。（主体的に学習に取り組む態度） ●太一の行動や心情の変化を捉えたり、自分なりの疑問をもったりする。（思考・判断・表現）
第2次	1時間	精査・解釈①	✿初発の感想がまとめられたものを読み、その感想に対する自分の意見や疑問を書く。	●自分の読みの課題をもつ。（思考・判断・表現）
	2時間	精査・解釈②	✿登場人物それぞれの人物像や、太一とさまざまな登場人物との関わりを人物関係図に表す。 ✿自分の読みの課題について、考えを書く。	●太一と太一に関わる登場人物について、それぞれの人物像や人物同士の関係性を読み取る。（思考・判断・表現） ●読みの課題について自分の考えをもつ。（思考・判断・表現）
第3次	1時間	考えの形成	✿共通の読みのテーマごとに分かれて、人物関係図やノートをもとにお互いの読みを交流する。 ✿友だちの考えでよいものは積極的に取り入れながら、自分の意見をまとめる。	●お互いの読みの課題について語り合うことを通して、自分の読みを広げたり深めたりする。（思考・判断・表現）
	1時間	共有（振り返り）	✿本単元の学習を振り返り、「語り尽くそう！ 海の命」で学んだことを書く。 ✿お互いの文章を読み合う。	●「海の命」の学習全体を振り返って文章を書くことで、単元を通した読みの深まりや、優れた叙述に関する自分の考えをまとめる。（思考・判断・表現） ●お互いの文章を読み合うことで、自分の読みを広げたり深めたりする。（思考・判断・表現）

◇振り返りの視点
①「海の命」という作品から、どのようなメッセージを受け取ったか。
②自分の読みがどのように深まったか（変わったか）。
③登場人物について、今思うこと。

6年 海の命

構造と内容の把握 ① # 初発の感想を書こう

　「海の命」は、子どもが6年間の最後に出会う文学的文章です。1時間目はそれを確認し、これまで培った読みの力を最大限に生かして学習に取り組む意識をもたせます。また、教師の範読や子ども自身の全文通読を通して、登場人物や場面の構成を知ることをねらいとします。

1 目標

　「海の命」を読んで、物語のあらすじや場面の構成を捉えることができる。
　初発の感想や疑問をもつことができる。

2 授業展開

題名や登場人物について考える

①「海の命」とは何のことですか。
　・海の生き物の命のこと。
　・海を命のように大切にする話。
　・生き物のことや、海の大切さなどが書いてある話。

　題名である「海の命」は、本作品を読み深めるためのキーワードになります。作品を読む前の段階で想像したことを書き留めておき、あとで振り返ることで、読みの深まりを自覚することができます。

②登場人物は誰ですか。ノートに書きましょう。
　・太一　　・おとう　　・与吉じいさ
　・母　　　・瀬の主　　・クエ
　・村のむすめ

③初発の感想をノートに書きましょう。
　・おとうはじまんもしないし、不漁の日が10日間続いても少しも変わらないのがすごい。
　・おとうや与吉じいさは、自分＝海となっているように思った。海に自分の命をわたしていると感じた。
　・漁師というお仕事の大変さがわかった。
　・「海に帰る」という表現が素敵だと思った。

　・太一はなぜ、瀬の主を倒さなかったのか。
　・内容が深すぎてよく考えないとわからない。たとえば、水の中のシーン。
　・太一は、なぜクエにもりを打たなかったことを生涯だれにも話さなかったのかが不思議。
　・海の命はもっと違うものだと思っていたから、大魚が海の命と書いてあったのは不思議に思った。

　子どもから出された感想は、一覧表にして次時で配布します。その際は、それぞれの意見や疑問に子どもの名前を記しておくことで、お互いの意見を交流しやすくなります。そして、子どもがもった感想や疑問は、今後読みを深めていくための重要な手がかりとなります。

3 本時の評価

　6年生になれば、想像したことや疑問に思ったことなど書きたいことが多岐にわたります。ワークシートではなく、ノートに自由に表現させることを大切にします。

○知識・技能
　物語のあらすじや場面の構成を捉えることができたか。

○思考・判断・表現
　太一の行動や心情の変化を捉えたり、自分なりの疑問をもったりすることができたか。

> 精査・解釈①

① 自分の読みの課題を決めよう

　前時に子どもが書いた初発の感想を一覧表にまとめ、配布します。その中には、読み取りの深いものから浅いものまでさまざまなレベルの読みがあります。子どもはその一覧表を熟読し友だちと語り合う中で、今後自分が読み深めたい「読みの課題」を見いだしていきます。

1 目標

自分なりの読みの課題をもつことができる。

2 授業展開

初発の感想一覧表を読み、納得と疑問に分類する

①初発の感想一覧表を読んで、「！ 納得・共感」と「？ 疑問・もっと考えたい」に分けましょう。

- A君の「太一が漁師になろうとする気持ちが心に残った」という感想に共感した。
- Bさんの「太一はなぜ、瀬の主を倒さなかったのか？」は、私も疑問。みんなで考えてみたい。
- Cさんの「大魚が海の命」というのはどういう意味なのか、僕も考えてみたい。

　初発の感想一覧表を配布したら、まずは個人読みの時間として、友だちの感想・疑問に対して自分が「！ 納得・共感」だと思ったものには赤色で、「？ 疑問・もっと考えたい」と思ったものには青色で印をつける活動を行います。この活動によって、多様な意見や疑問に出会う中でさらに深めてみたい疑問が明確になります。

友だちと語り合う中で自分の読みの課題をもつ

②分類したことをもとに、友だちと自由に語り合いましょう。

- 僕もこのことを不思議に思ったよ。なぜ、太一はクエを打たなかったんだろうね？
- そうだよね。僕なら迷わずもりをうつけどな。だって、一人前の漁師になりたいんだから。

友だちと語り合い、自分の読みの課題をもつ

　個人読みで初発の感想一覧表を分類したら、それをもとに友だちと自由に語り合う時間を設けます。子どもは自分の席を立ち、「！ 納得・共感」の赤色をつけた友だちを見つけて自分も同じ考えであることを伝えたり、「？ 疑問・もっと考えたい」の青色をつけた友だちとその疑問を解決するために語り合ったりします。

　初発の感想一覧表に名前が明記されていることで誰がどんな意見を言ったかが容易にわかり、その相手と語り合いたいという思いが生まれるのです。

③友だちとの語り合いを通して残った疑問を、今後の自分の読みの課題としましょう。

　子どもたちの読みの課題は、また一覧表にして次時に配布します。

3 本時の評価

　本時の学習感想で、「誰と語り合ったか」「自分の読みの課題を何にしたか」を書かせます。

○思考・判断・表現

　自分の読みの課題をもつことができたか。

6年 海の命

| 精査・解釈② | **① 人物関係図を作ろう①** |

　前時に、子どもは自分の読みの課題を設定しました。その課題を念頭に置きながら、本時では、「海の命」の人物関係図を各自で作ります。この人物関係図作りによって、登場人物それぞれの人物像や人物同士の関係性を自分なりに整理して理解することができます。

1 目標

　太一と太一に関わる登場人物について、それぞれの人物像や人物同士の関係性を読み取ることができる。

2 授業展開

クラスでドラえもんの人物関係図を作る

①人物関係図を作って、人物同士の関係を整理しましょう。まずは、人物関係図がどんなものか知るために、のび太を中心にして「ドラえもん版人物関係図」を作りましょう。

- のび太は、ドラえもんと親友・家族の関係。でも、ドラえもんにいつも頼っている。
- のび太とジャイアンは、一応友だち。でも、のび太はいつもジャイアンにいやなことをされている。
- のび太はしずかちゃんのことが好き。しずかちゃんがどう思っているかはわからない。
- のび太とスネ夫は友だち。のび太はスネ夫にいつも何かの自慢をされている。

　いきなり人物関係図を書こうと指示しても、すぐに書けるものではありません。そこで、子どもになじみ深い「ドラえもん」の登場人物を例にして、その関係性を発言させながら教師が人物関係図を黒板に書いてみせます。その関係図は次時以降に模造紙に書き直して掲示しておくことで、子どもが関係図を作るときのヒントになります。

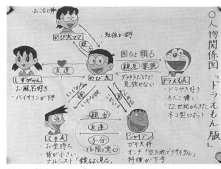
教師が例示した「ドラえもん版人物関係図」

個々に「海の命」の人物関係図を作る

②黒板の例を参考にして、「海の命」の人物関係図を作りましょう。

- 私は、太一を真ん中に置いて、左右におとうと与吉じいさを置こう。
- 僕はクエと太一を真ん中に並べておいて、そのまわりにおとうと与吉じいさと母を置こう。
- 太一とクエの関係をどのように表現するかが難しいな。

　人物関係図のイメージが湧くように、各登場人物の挿絵も配布すると、子どもは自分の読み取った人物同士の関係を配置して書き込んでいくことができます。

3 本時の評価

　本時と次時の2時間を使って、人物関係図を完成させるように伝えます。本時では、人物関係図を作ることを通して、読みを深められているかを評価します。

○思考・判断・表現

　人物関係図作りを通して、読みを深めることができたか。

第3章　資質・能力を育てる「文学的な文章」の授業

| 精査・解釈② | **❷ 人物関係図を作ろう②**

前時に引き続き、人物関係図を作ります。そうすることで、本文を何度も読みながら登場人物それぞれの人物像や人物同士の関係性を整理して理解することができます。そして、人物関係図を作る過程で、第2時で立てた自分の読みの課題についても考えを形成していきます。

1 目標

太一と太一に関わる登場人物について、それぞれの人物像や人物同士の関係性を読み取ることができる。

自分の読みの課題について、考えをもつことができる。

2 授業展開

個々に「海の命」の人物関係図を作る

①「ドラえもん版人物関係図」を参考に、「海の命」の人物関係図作りを続けましょう。

- 太一も与吉じいさもおとうも、「海」を中心にして結ばれている。だから、関係図の中に、「海」を位置づけてみよう。
- ここからの作り方がよくわからないな。友だちはどうやっているのかな？

人物関係図作りに行き詰まった子どもには、友だちの図を参考にするよう助言します。各自で登場人物の配置や読み取った関係性は異なります。それこそが子どもの読みの違いであり、読み深めるきっかけとなります。

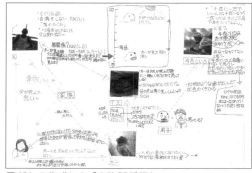
子どもの作成した「人物関係図」

人物関係図をもとに、自分の読みの課題について考えをもつ

②人物関係図がある程度できたら、第2時で立てた読みの課題について考えましょう。

- 「なぜ、太一はクエを打たなかったのか？」という疑問だったけど、わかったぞ。おとうが帰った海で今も生きている瀬の主だから、この瀬の主であるクエを殺してしまうと、おとうを殺すのと同じだと太一は思ったんじゃないかな。
- 父がつかまえようとしたクエと、太一が見たクエは同じクエなのだろうか？
- 「太一はクエにもりを打たなかったことを生涯だれにも話さなかった」のかが、やっぱりわからないな。

ある程度人物関係図ができたら、並行して第2時に立てた読みの課題についても考えるよう助言します。その際、初めに立てた課題とは別の課題が浮かんだらそれもノートや関係図に記入し考えさせるようにします。

3 本時の評価

人物関係図に書き込まれている内容と、ノートに書かれた読みの課題に対する考えについて評価します。

○思考・判断・表現

人物関係図作りを通して、読みを深めることができたか。

自分の読みの課題について、考えをもつことができたか。

6年 海の命

考えの形成　❶ **お互いの読みを交流しよう**

　前時で子どもたちはそれぞれ人物関係図を作り、自分の読みの課題についての考えをもちました。そこで本時では、お互いの人物関係図と読みの課題について３人組のグループに分かれて考えを交流し、さらに読みを深めていきます。また、グループで解決できなかった課題についてはクラス全体でも交流していきます。

1 目標

　お互いの読みの課題について語り合うことを通して、自分の読みを広げたり深めたりすることができる。

グループで語り合う

2 授業展開

グループに分かれて、お互いが読み取ったことを語り合う

①「読みのテーマ」ごとにグループに分かれて、お互いの考えを語り合いましょう。

　・僕は、「海に帰る」ことの意味を読みの課題にしたから、このグループにしよう。
　・なぜ、太一はクエを打たなかったのだと思う？

　子どもたちから出た読みの課題を把握しておき、グループで語り合う際の「読みのテーマ」として提示します。そうすることで、自分の読みの課題に合わせてテーマを選択し、自分の考えを積極的に伝えたり、友だちの考えを受け止めたりすることへとつながります。

◇グループごとの読みのテーマ例
１．おとうと与吉じいさ
２．千匹に一匹とは？
３．なぜ、太一はクエを打たなかったのか？
４．なぜ、太一は父が死んだ瀬に潜るのか？
５．「海に帰る」とは？
６．なぜ、太一はクエを打たなかったことを生涯だれにも話さなかったのか？
７．「海の命」とは？

別の読みのテーマに移動して、さらに語り合う

②別の「読みのテーマ」に移動して、お互いの考えを語り合いましょう。

　・次はあのテーマについて語り合いたい。
　・別のテーマでも同じ話し合いになるな。

　語り合いでは、人物関係図を自分の考えの根拠にしたりお互いの関係図を比較したりしながら語り合うよう助言します。語り合う中で浮かんだ考えや疑問は、ノートにメモをするよう助言します。そうすることで、さらに読みを深めるためのきっかけ作りとなります。

クラス全体で語り合う

③ぜひ考えたいテーマについて、全体で語り合いましょう。

3 本時の評価

　語り合いの中で残したノートのメモと、本時の終わりに書いた学習感想（○誰とどんなテーマで語り合ったか○そのテーマについて、どんな考えをもったか）について評価します。
○思考・判断・表現
　グループでの語り合いを通して、自分の読みを広げたり深めたりすることができたか。

第3章　資質・能力を育てる「文学的な文章」の授業

共有 ① 学んだことを振り返ろう・共有しよう

　本時では、「語り尽くそう！ 海の命」で学んだことを振り返って書く活動を行います。この活動によって、子どもたち一人ひとりが本単元における自分の学びを自覚し、つけた読みの力をより確かなものとします。また、お互いの書いた文章を共有することで、さらに自分の読みを広げたり深めたりすることができます。

1 目標

　「語り尽くそう！ 海の命」の学習全体を振り返って文章を書くことで、単元を通した読みの深まりや優れた叙述に関する自分の考えをまとめることができる。

　お互いの文章を読み合うことで、自分の読みを広げたり深めたりすることができる。

2 授業展開

本単元を振り返り、学んだことを文章に書く

① 「語り尽くそう！ 海の命」で学んだことを振り返って文章に書きましょう。

- 私が「海の命」で受け取ったメッセージは、「尊敬する人を追い求め感謝する」ということだ。なぜなら、与吉じいさが死んだとき、太一は「与吉じいさ、心から感謝しております」と言っていて、与吉じいさがいたから村一番の漁師になれて、父がいたから村一番の漁師をめざせたから、太一は与吉じいさと父に感謝をした。
- ノート作りや人物関係図作り、友だちとの交流で今までなかった自分の意見や考えが増えた。だから、次々と疑問が解決して物語がわかっていく。けれど、わかると同時に新しい疑問が出てくる。そうして読みが深まるのだと思った。
- 太一と父とクエの気持ちについて考えた。太一は父を尊敬していて、大人になってもその心を忘れないですごい。

　教材文・初発の感想一覧表・人物関係図・ノートなどをヒントに、本単元で行った学習を振り返るよう助言します。また、文章を書く際の振り返りの視点も提示します。

◇ふり返りの視点
①「海の命」という作品から、どのようなメッセージを受け取ったか。
②自分の読みがどのように深まったか。
③登場人物について、今思うこと

お互いの書いた文章を読み合う

② 友だちとお互いが書いた文章を交換して読み合いましょう。

- 私もこの作品から受け取ったメッセージを「感謝」にしたよ。
- また新しい疑問が浮かんでくるな。

　本単元最後の活動となります。自由に移動し語り合いながら読む場を設定することで、仲間と学び合う楽しさを感じられるでしょう。

3 本時の評価

　本時で書いた文章とお互いの文章を読み合う姿をもとに、評価します。

○思考・判断・表現

　「海の命」の学習全体を振り返って文章を書くことで、単元を通した読みの深まりや優れた叙述に関する自分の考えをまとめることができたか。

　お互いの文章を読み合うことで、自分の読みを広げたり深めたりすることができたか。

「文学的な文章」の実践のポイント

[中村和弘]

　「文学的な文章」を詳細に指導することを改める、ここ20年ほどそうしたことが言われてきました。たしかに目的もなしに、わかりきったことを何度も読まされる授業は、子どもたちにとっても苦痛でしょう。その逆に、課題や目的をもって読み、読み返したり考えを重ねたりするたびに発見があるような授業であれば、むしろ詳細に読むことが楽しくなるはずです。

　国語科の授業で、学習として「文学的な文章」を読むときには、日常生活で読むときとは異なる読み方をします。

　まず、初めはストーリーを楽しみながら、一通り読みます。「おもしろかったあ」「何だか不思議な物語だなあ」「よくわからないなあ」など、いろいろな感想をもちます。

　次に課題を考えたり、目的に応じ工夫しながら読みます。たとえば、「人物の気持ちが大きく変わるのはどの場面だろう？」「この人物は、どうしてこんな行動をしたのだろう？」などの課題をもって読みます。あるいは、「この場面の様子がよくわかるように音読してみよう」「物語のあらすじをまとめてみよう」などの目的をもって読みます。

　このように課題や目的をもって読む場合、1回読んで「ああ、楽しかった」というわけにはいきません。何度も読み返しながら、ああでもない、こうでもないと考えを重ねていきます。考えたことを友だちと共有します。友だちの意見を聞くことで、読み直してみます。読み直してみると、新しい気づきが生まれます。その発見を、またみんなに聞いてもらいます。そしてまた……という具合に、読むことはくり返されていきます。こうした小さな発見をくり返しながら、文章は詳細に何度も読まれていくのです。

　文章を読む力は、このように何度も何度も文章を読む過程で高まっていきます。一通り読んでストーリーを楽しむだけでなく、書いてあることを手がかりに、書いていないことをさまざまに想像したり考えたりします。書かれている言葉に立ち止まって、その意味からイメージを広げたり、表現の効果を考えたりします。

　教室の中で互いに考えを出し合い、文章のあれこれを詳しく読み解きながら、漆を何回も塗り重ねるようにして、子どもたちの読むことの資質・能力は育まれていくのです。

　そのためには、子どもたちが1回読んで、「はい、もうわかったから読まなくてもいいや」とならないような授業の工夫が必要です。ストーリーを読んでわかった気になっていた文章でも、「あれ、そう言われればどうなのだろう？」「たしかに、その点は考えてみないとわからないよね」と子どもたちが思ってくれるような、課題や目的をもたせることが大切です。自然に何回も詳しく読んでしまうような、あるいは考えて話し合いたくなるような、そのような発問づくりや学習課題の提示が必要となってきます。

　それを導き出すヒントは教材研究にあります。単元で育てたい資質・能力を明らかにしながら、「文章のどこに子どもたちの目を向けて、詳しく考えさせればよいだろうか」「そのことを詳しく考えさせるには、どのような発問や課題がいちばんよいだろうか」と、教材研究から具体的に授業実践の工夫へとつなげていくのです。

●●● 編著者・執筆者紹介 ●●●

【編著者】

中村和弘　　　　東京学芸大学 准教授（はじめに、第1章、第2章「説明的な文章」
　　　　　　　　　　　　　　　　　の実践のポイント、第3章「文学的な文章」
　　　　　　　　　　　　　　　　　の実践のポイント）

【執筆者】

山下美香　　　　東京都墨田区立中和小学校（第2章「1年　じどう車くらべ」）
外川なつ美　　　慶應義塾横浜初等部（第2章「2年　たんぽぽのちえ」）
伊東有希　　　　神奈川県川崎市立中原小学校（第2章「3年　すがたをかえる大豆」）
廣瀬修也　　　　お茶の水女子大学附属小学校（第2章「4年　アップとルーズで伝える」）
上田真也　　　　東京学芸大学附属大泉小学校（第2章「5年　天気を予想する」）
今村　行　　　　東京学芸大学附属大泉小学校（第2章「6年　自然に学ぶ暮らし」）
西川義浩　　　　東京学芸大学附属世田谷小学校（第3章「1年　おおきなかぶ」）
土屋晴裕　　　　東京学芸大学附属大泉小学校（第3章「2年　お手紙」）
大塚健太郎　　　東京学芸大学附属小金井小学校（第3章「3年　モチモチの木」）
伊藤愼悟　　　　東京都杉並区立杉並第八小学校（第3章「4年　ごんぎつね」）
髙﨑智志　　　　神奈川県横浜市立並木中央小学校（第3章「5年　わらぐつの中の神様」）
井上陽童　　　　東京都立川市立新生小学校（第3章「6年　海の命」）

　　　　　　　　　　　　　　　　　　　　　　（執筆順、所属は2018年2月現在）

【編著者紹介】

中村和弘（なかむら　かずひろ）
東京学芸大学 准教授

川崎市公立小学校教諭、東京学芸大学附属世田谷小学校教諭を経て、現職。専門は国語科教育学。中央教育審議会「国語ワーキンググループ」委員、「言語能力の向上に関する特別チーム」委員として、2017年版学習指導要領改訂に携わる。学習指導要領小学校国語作成協力者。現在、文部科学省・教育研究開発企画評価会議協力者。

資質・能力ベースの小学校国語科の授業と評価
「読むこと」の授業はどう変わるか

2018年3月30日　第1刷発行

編　著　者	中村和弘
発　行　者	伊藤　潔
発　行　所	株式会社 日本標準

〒167-0052　東京都杉並区南荻窪3-31-18
電話　03-3334-2630［編集］
　　　03-3334-2620［営業］
ホームページ　http://www.nipponhyojun.co.jp/

印刷・製本　株式会社 リーブルテック

© Nakamura Kazuhiro 2018 Printed in Japan　　ISBN978-4-8208-0639-4

◆乱丁・落丁の場合はお取り替えいたします。
◆定価はカバーに表示してあります。